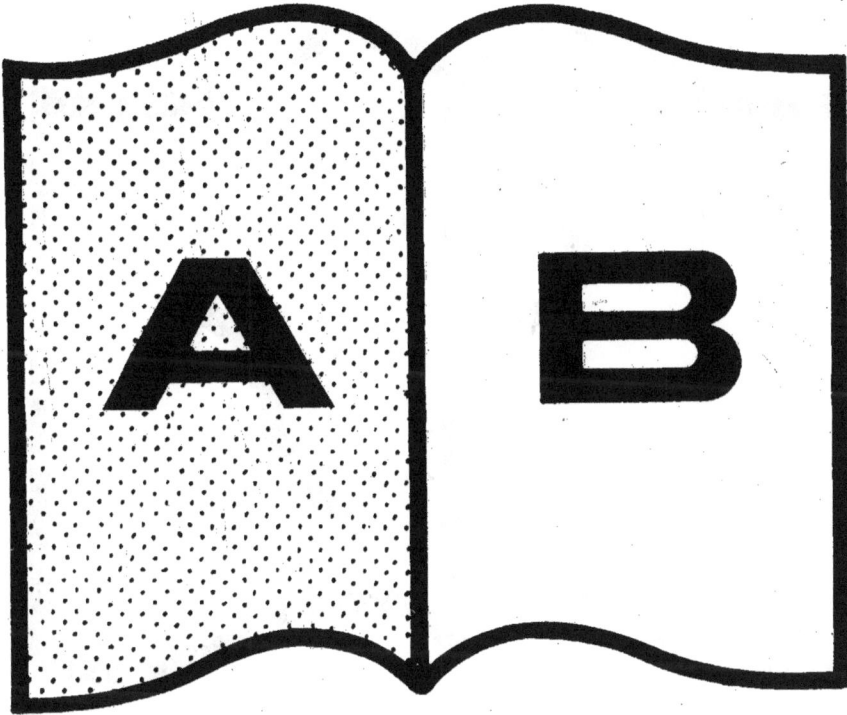

Contraste insuffisant

NF Z 43-120-14

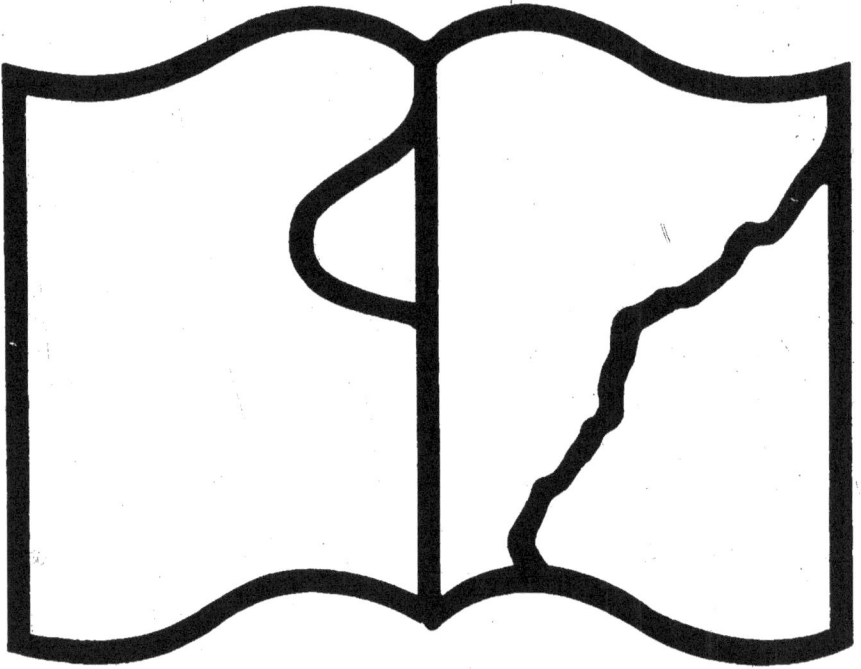

Texte détérioré — reliure défectueuse

NF Z 43-120-11

LES SECRETS
MERVEILLEUX
DU
PETIT ALBERT

LES SECRETS

MERVEILLEUX

DU

PETIT ALBERT

Paris. — Imprimé chez Jules Bonaventure,
55, quai des Grands-Augustins.

Sainte Véronique.

LES SECRETS

MERVEILLEUX

DE LA MAGIE NATURELLE

DU

PETIT ALBERT

Tirés de l'ouvrage latin intitulé :

ALBERTI PARVI LUCII

Libellus de mirabilibus naturæ Arcanis

Et d'autres écrivains philosophes

ENRICHIS DE FIGURES MYSTÉRIEUSES, D'ASTROLOGIE,

PHYSIONOMIE, ETC., ETC.

Nouvelle édition corrigée et augmentée.

A LYON

Chez les Héritiers de BERINGOS fratres

A l'Enseigne d'Agrippa.

M. DCCC. LXVIII.

1867

AVERTISSEMENT

qu'il faut lire.

CE n'est point, lecteur bénévole, un jugement faulsé qui pourrait vous inciter à la recherche de ce curieux livre, car en ce temps de lumières, personne ne pourrait attribuer aultrement que cela échoit dans les jeux de hasard, la rencontre de choses ayant apparences supernaturelles.

De même qu'il est arrivé à cet illustre *Michel Nostradamus*, de dénoncer plus d'un siècle à l'avance, des faits devant advenir, il a bien pu se trouver que ce qui a été dit

1.

par *Albert le Grand* ou *Albert le Petit*, touchant certains signes du visage ou de la complexion de l'homme, vînt à être réalité, sans qu'il soit prouvé pour cela, que : là ou le hasard a semblé être vérité absolue, il doive en être tiré conclusion définitive et confirmative et qu'elle dût être irrévocablement.

Aussi, lorsqu'il se rencontrera que quelques gens fallacieux, qui, faisant métier de détourner le monde du chemin de la vérité, vous diront avec cette affirmative qui est le propre des charlatans, que leurs déductions sont infaillibles, vous auriez bénignité trop grande si vous donniez créance à leurs billevesées, d'autant plus qu'ils n'ont d'autres fins que de tirer profit de leurs fallaces et inductions trompeuses.

Mais, comme nous l'avons déduit ci plus hault, il n'est pas à dire que, sans être livré à la superstition, ce qui serait folle pensée et propension à aussi grand errement de bon esprit que se puisse voir, il soit interdit irrévocablement à celui dont l'esprit est net, de faire amusette de ces choses de sciences appelées *secrets merveilleux, chiromance, physionomonie*, etc., etc., et non point se livrer à la recherche *de la pierre philosophale, transmutation métallique, invocations diaboliques* et aultres déchéances de droite raison, d'ailleurs : comme l'évidence viendrait bientôt être la confirmative de l'erreur, votre recherche rendrait intelligible à votre entendement ce que seraient de telles choses, c'est-à-dire vaines propositions.

Nonobstant donc cette puérile digression, nous devons adjouter que ce petit livre des secrets *du Petit Albert* et autres écrivains philosophes ou érudits contient en outre des choses récréatives, des renseignements souvente fois utiles et receptes faciles, soit : d'agriculture ou d'économie domestique, ainsi que secrets touchant la beauté des *Fem-*

mes, lesquelles choses seront au moins profitables et méritoires de votre attentivité et non moins précieuses que les autres auront été amusantes, à seule fin de meubler votre intellectibilité autant que votre souvenance, pour votre advantage et aussi pour le profit d'aultrui.

Nostradamus a publié vers 1550 son recueil de Prophéties par quatrains et centuries. Son livre obtint un succès que l'on peut dire sans pareil, non-seulement de son vivant, mais encore cent cinquante et deux cents ans après sa mort; aujourd'hui même les exemplaires en sont très-rares. D'où vient ce succès? sinon de ce que le hasard a fait faire des rapprochements si curieux que ce fameux prophète a, dit-on, annoncé la révolution de 1793, la mort de Louis XVI, Napoléon Ier èt bien d'autres événements.

Une nouvelle édition de ce livre vient d'être mise en vente, elle est augmentée des prophéties de Thomas-Moult. 1 volume de 453 pages.

En vente chez tous les libraires.

LE
TRÉSOR
DES MERVEILLEUX
SECRETS

De la complexion du corps humain.

A complexion, comme dit Auicenne, est vne qualité qui vient ou procede de l'action et passion des qualitez contraires trouuée és élemens. Qui voudra parfaitement entendre ladite définition, et comment les actions et les passions agissent entre-elles par ensemble, qu'il lise ledit Auicenne au premier livre, parag. premier, doctrine troisiéme, chapitre premier. Il falloit dire cecy premierement, afin que nous ne disions aucune chose qui n'appartienne à l'affaire. Comme du nombre quartenaire des elemens, des premieres qualitez, des actions mutuelles d'iceux, lesquelles on doit sçauoir par la Philoso-

2

phie naturelle. Certes nous ne voulons pas
faire cela, mais en tant qu'il touche aux
estoilles et aux genitures, nous voulons
dire la raison, quand nous aurons conneu
la complexion de quelqu'vn, et par quelles
estoilles et Planettes elle est faite, tellement que celuy soit plus enclin à vne
chose que l'autre. Exemple. Quelqu'vn
est sanguin, mais il bat les autres : et est
rauisseur, cruel, qui ne demande qu'à tuer,
qui sont vices lesquels peu souvent sont
trouuez en vn de complexion sanguine : je
conjecture que tel homme a Saturne ou
Mars en l'horoscope de sa natiuité. Nous
mettrons apres la nature de chacune des
Planettes. Et pour ce que la Chiromance,
et la Physionomie servent et aydent grandement, nous les auons descrites cy après
et ainsi les auons entremeslez, selon qu'il
nous a semblé estre necessaire.

Des choses qui font bonne ou mauvaise complexion.

LA nature de bonne ou mauuaise complexion, consiste en trois choses,
comme dit Albert le Grand, tres-sça-
vant és choses naturelles : c'est à sçauoir
en deue et iuste grandeur de corps, en belle
ordonnance des membres, et en la beauté
de la couleur. Il sera permis par ces choses de
conjecturer la noblesse et l'honnesteté de la
complexion, soit au sang, soit au flegme.
Derechef nous connoistrons la mauuaise
disposition, si le corps est trop gras, trop

maigre, ou trop renfroigné, ou excessiue
ment gresle ou fort crasleux et ord : lesquelles choses estant en l'homme le font
melancholique, colerique, ou flegmatique.
Certainement la grosseur procede et vient
de grande froideur et abondance d'humeur.
La maigreur procede de chaleur et de seicheresse. La crasse ou ordure, vient du
froid et d'humeur, quoy qu'autres soient
d'opinion contraire. En apres, le froid et
l'humeur engendrent le flegme, la chaleur
et la seicheresse font la colere, et la froideur et la seicheresse engendrent la melancholie.

De l'égard qu'on a de la complexion par la couleur.

L A couleur ayde à la disposition corpo-
relle, et est diuisée en trois, car il y en
a une aux cheueux, l'autre en la peau,
et la troisiesme aux yeux. Dequoy Aristote-
les parle beaucoup. Si toutes couleurs sont
comprises et contées en vne, elles consis-
tent en égalité, comme le blanc mélé au
rouge procede de l'abondance des humeurs,
ou bien d'inégalité, et s'accordent de tra-
uers : mais plus noble est cette couleur qui
consiste de l'égalité des humeurs. Et si tu
en veux sçauoir la difference, elle consiste
au nombre senaire. La premiere est de
blanc et rouge : la seconde noire : la 3 de
couleur d'or : la 4 de couleur verde, ayant
vn peu de blanc meslé : la 5 blanche, et
la 6 rouge. Les bouts sont de blanc et

noir. Les autres sont moyennes qui sont
meslées en partie de blanc, et de noir en
qualité.

La meilleure toutesfois est celle qui est
faite de blanc et de noir, comme dit Galie-
nus. Leurs connoissances sont telles : le
blanc entremeslé de rouge, et les jouës en-
fléés, denotent le sang : le blanc demonstre
le flegme : le pasle la melancholie : le
brun, noirastre, et noir, signifie la colere.

*Pour connoistre la complexion par la couleur
des cheueux.*

COMBIEN que quelques autheurs disent
que la nature des cheueux est donnée seulement pour ornement, il ne
nuit aucunement : parce que cela adiouste
quelque beauté à la nature. Neantmoins la
conjecture n'est pas du tout ostée, veu que
nous pouuons prouuer par plusieurs argu-
mens le semblable touchant la complexion.
Exemple. Les hommes sans cheveux et
sans barbe, sont benins, ou flegmatiques :
et les noirs et ayans les cheueux noirs,
sont fort coleriques ordinairement. Certes
il y a quatre couleurs communes, c'est à
sçauoir le noir, le rouge, le verd meslé
de blanc, et le blanc : le verd meslé de
blanc, procede d'humeur melancholique :
la blancheur vient de faute de chaleur naturelle, et du flegme pourrissant : la rougeur demonstre le sang : la noirceur,

denote la colère : la verdeur entremeslée de blanc est signe de melancolie,
et la blancheur demonstre le flegme. Pourquoy est-ce que le rouge est plus estimé
que le noir? pource que la complexion du
sang est plus noble que celle de la colere.
Et est ce corps tres bon (comme dit Galien) qui est vn peu mol, orné de cheueux
rouges; combien que Constantin soit d'opinion fort contraire, et estime plus le noir
pource qu'il est plus fort et plus perma-
nent, et aussi pour l'aide qu'il fait. Car de
tant plus vne superfluité est nuysible, d'autant plus profite et est auantageux si on la
rejette, ou chasse. Comme la colere en-
flammée, et le sang brûlé, nuisent plus
que le sang qui n'est point brûlé : et s'il
auient qu'on le repousse et chasse, les cheueux deuiendront noirs, non pas rouges :
la noirceur donc est plus à estimer que la
rougeur. Aucuns ayment et loüent plus la
couleur tirant vers l'or, auec la noirceur
aux yeux. Nous laissons l'vn et l'autre.

Certainement l'opinion d'Albert est que
la tres-bonne couleur, denote tres-bonne
complexion du cerveau, c'est à sçauoir
chaude et humide. Combien que és œuures
naturelles la chaleur et la seicheresse soient
plus convenables et plus propices, pour
comprendre quelque chose : car cela vient
de chaleur, que nous comprenons bientost
aucune chose et de la seicheresse procède
la memoire et la fermeté de retenir, le mou-
uement et l'exercitation viennent de la cha-

leur ; le repos et la tranquillité procedent de froid.

Par quoy il comprend auec raison, que la seicheresse est plus propre et convenable à la complexion du cerveau que l'humidité.

Car certainement nous voyons, que ceux qui ont le cerveau humide, sont hebetez et ont l'esprit grossier et lourd, et sont grands dormeurs, tardifs, et lourdauts : mais le cerueau qui est sec, fait les gens vifs, ingenieux, vigilans, et sobres. On pourroit comprendre plusieurs choses des cheveux, quant à la complexion, mais c'est assez pour maintenant.

De la complexion du Colerique.

LA chaleur et la seicheresse font la complexion Colerique. A cette cause ceux qui sont chauds et secs, sont appellez Coleriques. Ils sont conneus à leur Physionomie, et à l'horoscope de leur nativité. Quant à leur Physionomie, ils ont les membres longs et gresles : parce que leur humeur est éteinte et estouffée par la chaleur et la seicheresse. Ils ont aucunes fois les cheveux crespus, et parfois pleins et noirs : et aussi quelquesfois rouges et durs, et tout cela vient de l'abondance de chaleur. Ils ont les yeux profonds, le nez aigu, ou pointu, la face citrine, la parole soudaine, la poitrine large et cheueluë, ce qui sort de leurs corps est brûlé, et sont

velus iusques aux yeux . Ils ont la voix
penetrante et resonante, le poulx dur et
fort soudain, et cheminent vistement. Ils
s'enyvrent ordinairement , pour cause
qu'ils ont l'estomach et le cerveau bien
chaud. Ils ne dorment que bien peu, et
sont enclins à la friandise, ils ont aussi les
yeux citrins, la bouche amere, la langue
aspre, des douleurs d'estomach, des altera-
tions, et envies de boire, et ont soudain les
yeux éblouïs. En leurs songes et visions
nocturnes, ils voyent des feux allumez,
des flammes, des choses mortes, de sang, de
noises, des tueries, et des meurtres. Nous
avons parlé iusques icy de la Physionomie
du corps. Toutesfois ils ont courage hardi,
prompt à se courroucer, et sont facilement
appaisez, écoutent volontiers pour apprendre, et ont bon entendement , ils sont
loyaux, liberaux, donnans volontairement,
ialoux, amateurs de iustice, se coupans de
leur langue quand ils se courroucent. Certes la grande chaleur de leur sang ne peut
permettre qu'ils disent leurs paroles par
ordre. Quoy qu'il y en ait quelques-uns
qui se sont tant trauaillez et essayez
continuellement ; qu'ils peuuent dissimu-
ler plusieurs choses semblables; neantmoins la laine teinte, ne peut changer sa
couleur; comme nous pouvons euidemment
appercevoir . Car toute chose qui est atti-
rée ou amaslée outre le naturel, ne peut-
estre long-temps dissimulée.

Les raisons des proprietez des Colériques.

Si quelqu'vn veut sçauoir la raison des choses devant dites, nous disons qu'elle est telle. Premierement du despit, et courroux, lequel, à cause qu'il abolit l'humeur, est quelque temps comme la flamme cachée, et quand il peut trouver issuë, il sort en feu, et monstre sa rage. Cette ire et courroux excite prodigalité, quand elle se respand çà-et-là par les costez, et non point contremont. Semblablement elle engendre hardiesse, pour cause de l'élevation des esprits et de la chaleur aussi : parquoy ils entreprennent aucunes fois choses très-difficiles, (et si ie l'ose dire) promettent choses impossibles, leur cœur tressautant et fretillant pour cause de trop grande chaleur. Telles gens ont petite teste, et l'estomach large et plantureux, qui prouient de ce mesme cœur ainsi chaud. Qu'ils soient prompts et habiles du corps, et écoutent volontiers pour estre enseignez, nous l'appercevons tous : car il n'y a chose aucune qu'ils ne mettent au net, et fassent propre, et bien convenante. Et ainsi gresleté et maigreur vient par faute d'humeur : longueur et hauteur procede de la chaleur montant en haut.

PHYSIONOMIE
PAR LE REGARD DES
MEMBRES DE L'HOMME,
FAITE PAR IEAN D'INDAGINE.

CHAPITRE PREMIER

Du jugement à faire par le regard du front.

JE ne suis pas ignorant, qu'on ne se doit aucunement fier au front de l'homme, parce qu'il change et muë à chacune affection ou passion. Toutesfois on a observé que plusieurs ne peuvent estre mieux conneus que par le front. Et a esté obtenu envers le commun, que nous disons aucun auoir le front frotté, contre ceux qui ont osté et perdu toute honte, veu que cette honte n'est point regardée ny mieux conneuë qu'au front, et aux yeux, laquelle chose si nous accordons, ne peut estre en vain, ce qui est celebré par les prouerbes, et manifesté par prophetie, n'estre point

2.

indecent, si nous commençons au front,
avant tous les autres membres. Or il y a
difference entre le front large et le rond.
Et afin qu'il soit mieux conneu, nous de-
clarerons le tout briefuement.

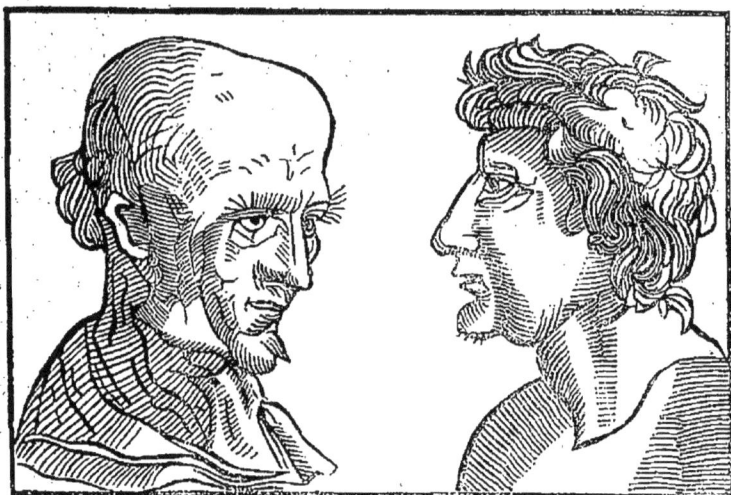

Le front éleué en rond est grandement
loüé par quelques-vns, mesmement quand
il consonne bien à la teste ; mais au contraire, si cette rotondité occupe les apparences et preeminences des temples du
visage, et soit décheuelée, elle denote l'excellence de l'entendement, et conuoitise
d'honneur et arrogance, auec toutes les
qualitez qu'ont les magnanimes. La petite
peau sans poil bien deliée et applanie,
sinon au dessus du nez, denote l'homme
qui n'est consacré ny dedié à Dieu, trompeur et remply de courroux. S'il est ridé
ou refrongné, toutefois plus enfoncé et
baissant au milieu, c'est signe de cruauté,

auec deux bonnes vertus, c'est à sçauoir
magnanimité, qui est grand cœur et courage : aussi esprit et entendement. Le front
qui est tres-grand et rond, sans poil, denote
vn auentureux et menteur. Le front fort
long et la face fort longue, et petit menton,
signifie cruauté et tyrannie. Le front con-
fus et meslé pour cause de la trop grande
graisse du visage, demonstre l'homme estre
inconstant, flegmatique, gras, et de lourd
esprit. Cecy sommairement et briefuement dit, suffira quant à l'Astrologie.

CHAPITRE II

Du jugement des sourcils.

LES sourcils que aussi esté mis en prouerbe, tellement que ceux qui auoient les
crestes dressées, et se vouloient éleuer
sur les autres, ont esté nommez Supercilieux,
c'est-à-dire graves et severes, qui n'est
loin de la verité. Car s'ils sont pliez
ensemble et durs, ou rouges, ils denotent
l'homme eshonté, imprudent, et enuieux.
Les sourcils blancs demonstrent l'homme
estre feminin, croyant de leger, et fol. Les
plus mauvais sourcils de tous, sont ceux
qui sont assemblez, et se couchent, lesquels
denotent vn mal-faisant, qui detient en
seruage vn homme libre, ou blesseur
de gens, et addonné aux arts magiques.
Laquelle chose i'ay veuë éuidemment en

ces vieilles sorcières, lesquelles estant
menées pour les brûler au gibet, mon-
stroient tels sourcils. S'ils chatoüillent et
titillent à aucuns, et se meuuent et agitent
peu, c'est signe d'outrecuidance et grand
courage. Les plus velus denotent l'homme
simple, allant rondement et à la bonne foy.
Les sourcils plus mols et applanis, et qui
se ressemblent, et ont le poil également
noir, signifient complexion moderée, et
bonté de l'homme.

CHAPITRE III

Du jugement des yeux.

LES yeux nous donnent aussi à connoistre la bonté ou la malice, comme tes-
moigne Iᴇsus-Cʜʀɪsт notre Sauueur,
disant en son Euangile, *ton œil est-il mauuais pour ce que ie suis bon?* Et en vn autre
lieu, il dit aussi: *Si ton œil est simple,
tout ton corps sera luisant.* Or telle est la
conjecture: Si tu vois aucun qui a les yeux
bien-ceans et aduenans, et sont veillans,
luisans, ouuerts, beaux, clairs, moyens,
et non pas fort ronds, selon cette proportion, il faut mesurer l'entendement et
l'esprit de l'homme, entier et sain. Ceux
ausquels ils sortent et pendent outre le
pertuis (ce que l'on voit en peu de gens) à
la façon des moyeux d'œufs, ils signifient
l'homme beaucoup radoteur et réueur,

gras, ayant l'esprit gros et lourd, mensonger, gaillard, paresseux, et simple; et semblablement quand ils sont larges, ou de
monstrueuse ouverture. Et au contraire,

quand ils sont profonds, ils denotent un
envieux, malin, forgeur de meschancetez,
qui se courrouce de leger, et soupçonneux.
Ceux qui les ont serrez ou contraints, et
regardans comme ceux qui visent au but,
c'est signe de cruauté et tyrannie. Quand
ils flestrissent et se tournent de leur gré
deçà delà (comme font ceux qui ont perdu
toute honte) c'est signe que l'homme est
gaillard, outrecuidé, inconstant et menteur. Les pires de tous sont, s'ils sont jau-
natres, citrins et fardez. Aucuns les ont
distillans et rouges, et cela ne vient de
nature, mais d'humidité de cerueau, et
d'abondance de flegme. Et vous suffise de
ce que i'ay dit de ces choses.

CHAPITRE IV

Du jugement du Nez.

Il y a un prouerbe du nez de la Licorne, contre ceux qui se mocquent des autres. Et certainement ceux qui ont le nez crochu en bas, se mocquent communément des autres. Combien que la nation des Perses estime grandement entr'eux celuy qui a le nez crochu et long, ainsi comme l'avoit leur Roy Xerxes, tant estimé, comme le témoignent les histoires de Xenophon et de Plutarque : et iusqu'à present iceux Persans ne donnent à aucun la Royauté, sinon à celuy qui a beau nez, comme de cette forme ledit Roy Xerxes (comme l'on dit) fut fort adventureux, mocqueur et courageux. A cette cause, on dit que tous ceux qui ont le nez long et crochu, sont mocqueurs, de grand courage, affronteurs, traistres, rauisseurs, et auaricieux. Cecy est dit de ceux qui ont le nez recourbé, ou mussé, comme les aigles et les esperviers. Ceux qui ont le nez courbé, et au dessus ont vne petite levre, s'abaissant vn peu, sont declarez d'autre complexion. Car ils sont liberaux, courageux, eloquens, magnanimes, et orgueilleux ; sinon quand leur hautesse du nez est aguisée et pointuë : car d'autant plus qu'elle est pointüe, d'autant plus est l'homme facile à se courroucer, severe rigoureux, et ne voulant point entendre à la raison.

Et certes, il y a si grande diuersité de visages, que l'on n'en peut bonnement faire

aucune difference ny diuision, sinon par les nez, toutesfois la plus grande difference est en la longueur, épaisseur, et curuité. Nous auons déja parlé des courbes. Quand les nez sont fort longs, larges et sortans és costez, ils denotent la pureté ou innocence de l'entendement et courage : mais à peine se peuvent abstenir de friandise, et seront tousiours desirans plaisir. L'épaisseur et la largeur du nez, denote l'homme de lourd esprit, niais, hors du sens, mocqueur, trompeur, conuoitant s'amuser immoderément. Le nez qui est large au milieu et vn peu enfoncé, mais éleué en la sommité, prognostique l'homme mensonger, fier et arrogant, cruel, grand parleur, effronté, qui ne

se peut tenir de pousser l'vn et de frapper
l'autre. Le nez long et par tout rond, denote
l'homme ravisseur, et par quelque fatale
disposition et celeste destinée prompt à mal.
Il y a aussi difference en la couleur. Car si
le nez est de couleur plombée, ou rouge,
ou entrelacée de veines rouges, ou petits
poincts, c'est signe d'vn bon beuveur et
yvrogne, et qui a tousiours soif, ayant le
foye chaud, dédié à luxure, et malade de la
morphée. Et en passant, nous notons cela
des ieunes garçons corrompus, et aussi des
ieunes filles corrompuës en leurs corps, si
quelqu'vn le desire sçauoir: car cela est
principalement conneu par le nez. Si le
cartilage qui est au bout du nez, se permet
trencher, et peut estre fendu auec le bout
du doigt, c'est signe que l'enfant est plaisant, et la fille aussi. Il y a plusieurs autres signes, lesquels ie laisse pour le present, car ils ne seruiroient de rien en ce
cas icy.

CHAPITRE V

De la Physionomie de la bouche, et de ce qu'on
doit deviner en la regardant.

Nous exposerons sous vne mesme des-
cription la Physionomie de la Bouche
et des Levres. Or la Bouche est ou
grande ou ouverte, ou estroite. Celle qui est

ouuerte, comme ont communément les
Franconiens laffrus, signifie l'homme estre
audacieux, temeraire, impudique, menteur,
affronteur, superflu, et excessif en toutes
choses, bruyant et raillard, et certes ie ne
fus iamais nullement deceu en ce signe.
Mais au contraire la bouche estroite, denote l'homme secret et posé, sobre, chaste,
craintif, et liberal. Quant à la puanteur de
la bouche et l'haleine, aussi des dents, nous

l a laissons aux Medecins, parce que cela est
par eux tres amplement et diligemment de-
claré. On a trouué par experience cecy estre
vray, que ceux qui ont les levres menües
ou petites et déliées, sont eloquens et par-
lent beaucoup, jaseurs, bien prevoyans les
choses à venir, prudens et ayans bon esprit
et entendement. Ceux qui ont les levres

tres-grandes, et auxquels pend celle d'em-
bas, en sorte que les dents apparoissent,
sont lourdauts estourdis, gros sots, ausquels on ne peut rien apprendre, meschans,
sales, excessifs en toutes choses, inconstans
et mauuais.

CHAPITRE VI

De la Physionomie de la Langue et des Dents.

L A langue est vn petit membre, mais jac-
tant et éventant grandes choses : et estant mal incurable, pleine de venin
mortel : et d'autant plus pestilentieux, qu'il
ne peut estre assez connu par la Physionomie, ny d'ailleurs. En quelque sorte et maniere qu'on y prenne garde, on la trouvera
bien peu constante, et semblable à elle, sinon en tout ce qui appartient à begayer, et
à l'éloquence. Pareillement la grosse langue
fait begayer l'homme : aussi fait celle qui est
démesurée et tres-longue. Au contraire
ceux qui ont la langue menüe, pointüe et
polie, comme celle des viperes et serpens,
sont eloquens, fins, rusez, et prudens, combien que les Astrologues disent icy, n'aduenir le begayement ou blessoyement, par
le vice ou imperfection de la langue, mais
de Mercure tourné et retrogradé. De laquelle chose nous parlerons en autre lieu.
La raison est semblable des dents. Si elles
sont espoisses et en forme de chien, elles

denotent par cette forme longue vie. Certes
ie ne voy point la raison, pourquoy on se
doiue plus icy arrester. Car nous voyons
des vieillards estans desja fur le bord de
leur fosse, qui iamais n'eurent aucun mal
aux dents. Et au contraire, les dents flétries,
fanées et pourries, tremblantes, moisies, et

menües, signifient briefueté de vie, abondance de chaleur, et humeur nuisible; et
de cette maniere sont quasi celles des coleriques: autrement, quant au courage, ne
sont veües changer aucune chose, qui ayt
esté obseruée ou apperceuë. Quand les dents
sont délochées hors de leur lieu ou ordre,
elles denotent vn homme de nulle valeur,
bavard, qui ne fait que caqueter, arrogant
et fier, pompeux, leger, et inconstant.

CHAPITRE VII

Du Menton.

LES Philosophes sont d'accord, quant au Menton : Car tout ainsi que le nez recourbé, ou moussé, ou aigu, signifie tousiours courroux, audace, et tyrannie, aussi fait le menton aigu. Ie ne me peux tenir de dire à tous, que l'on doit se donner de garde de frequenter ceux qui sont mutilez et imparfaits en quelques membres. Ie dis de ceux qui sont privez d'aucuns membres, non par art, ou par malefice, mais par nature. Et combien que cela soit veu par auenture trop curieux, ou superstitieux, toutesfois on a trouué, et ont noté les Sages, desquels nous auons recueilly ces choses, c'est à sçauoir Galien, Hyppocrates, et les autres aussi, ausquels fortune a esté grandement contraire et mal propice. Exemple de mon dire; ceux qui ont les yeux mutilez ou imparfaits, le nez, la bouche, les pieds, les mains, et clochent ou boitent de l'vn des pieds, ou lesquels nous connoissons estre Saturniens. Chose superstitieuse, dis-je, sera veüe ce que ie dis, mais ie dis la verité; et la dis hardiment et audacieusement. Les Saturniens et Iouiaux ne s'accordent point, ny les Martialistes aussi avec les autres. Consideré ce que ie dis aux assemblées et monopoles des hommes ; Ie ne sçay quelle

chose là se trouue entreuenir : combien
qu'ainsi soit, que ce n'est autre chose que
la repugnance des Planettes, et infortune
des aspects. Saturne est froid, et sec. Iupiter
chaud et humide. Mais toutesfois peut-on
maintenant faire que le froid et le chaud
ne se discordent? Derechef Saturne rend les
hommes paresseux, chiches, lourdauts, so-
litaires, mauuais, et indomptables : Iupiter les rend humains, faciles à tourner,

dociles et benins. Cela doncques qui est ez
qualitez des Planettes, inflüe et est donné
aux choses et entendement, selon la qualité
d'icelles Planettes. Qui donc est celuy qui
accordera leurs volontez? ou qui se pourra
de cecy desempetrer? Mais celuy qui a déja
appris cela par Astrologie, connoist bien
ce que c'est qu'on doit attribuer à vn chacun, et comme il doit estre conduit, et
pourra bien remettre et rejetter quelque

3.

chose de ses effects. Comme Venus qui par'
sa nature ne s'accorde point avec Mars,
neantmoins par sa douceur, elle appaise
la cruauté d'autruy. Quant à ceux qui
sont signez ou marquez naturellement, ce
prouerbe commun est par tout celebré, lequel on attribüe à Aristote, disant : Il se
faut bien garder de ceux que nature a
signez. Touchant les Saturniens, le tres
elegant et tres-docte Marsilius Ficinus en
a parlé en son troisiéme liure, où il dit le
moyen d'adquerir la vie des cieux et ces Planettes : Et sont telles ses paroles. Les Saturniens sont ords et sales, ignorans,
enuieux, tristes, et abandonnez aux ords
et sales esprits, desquels fuis la compagnie
de bien loin.

Car le poison de Saturne se cache ailleurs
endormy, comme le souphre estant loin de
flamme, mais és corps vitaux souvent brûle,
et comme ce souphre allumé ne brûle pas
seulement, mais aussi de sa nuisante vapeur remplit toutes choses autour de luy,
et infecte tous ceux qui en approchent;
ainsi les Iouiaux sont mal-heureux, s'ils
sont prés de quel qu'vn qui soit en telle
sorte noté de nature. Iusques icy sont les
paroles de Marsilius. Le bruit commun est,
qu'Appollonius Thianeus trouua en
Ephese un vieillard Saturnien, qui par sa
seule presence auoit infecté de peste toute
la ville. Veu donc que ces choses sont de-
clarées assez amplement par cet homme
tres-sage, nous laissons les autres au dili-

gent et soigneux lecteur, et nous conten-
tons seulement d'auoir nommé l'Autheur.

CHAPITRE VIII

Des cheueux et autres accidens.

Nous descrirons proprement la Physionomie des cheveux, si nous decla-
rons premierement leur nature. Les
cheveux ne sont autre chose, sinon vne vapeur chaude et seiche, espaisse, serrée et sei-
chée par l'air qui est autour, et à l'environ.

Par laquelle definition, est donnée euidente
connoissance, que les Saturniens et les vieillards sont debiles et foibles, à cause du perpe-
tuel froid des forces et des vertus. Aussi les
coleriques sont velus, et cheuelus, à cause de
leur chaleur et humeur aduste ; si ce n'est

en ceux ausquels abonde trop grande chaleur. Quelques cheveux sont crespes et re-
tors , ce que les Medecins attribuent aux
pores du corps : lesquels rompus et ouuerts,
disposent la cheuelure en tel ordre : Incontinent apres ce, asseions iugement. La cheuelure pleine et bien vnie , mollette, doüil-
lette, prime et menüe, denote l'homme effeminé, delicat, craintif, lasche et paisible.
La perruque roide, aspre, et grosse, denote
l'homme avantureux , robuste, trompeur
et bien - heureux. Ceux qui ont le front
cheuelu, et les temples couuertes de poil
rude et picquant, sont excessifs et dissolus
en toutes choses, menteurs, arrogans et presomptueux. Si les cheueux crespes sont
durs, cela denote tousiours lascheté et coüar-
dise d'entendement. Ceux qui les ont crespes és anglets des temples, à la manière d'vn
cornet, et crestez en forme de heaume, sont
adonnez à quelque grand vice, plus qu'aucun des autres hommes ; à l'égard de ceux
qui ont le poil rousseau , s'il en faut iuger
comme des precedens, ce que l'on sçait communément, il faut aussi auoüer qu'ils ont
quelquesfois des qualitez fort considerables.
La perruque qui noircit d'vne noirceur
blanchastre, est la meilleure. Et faut dire
de ceux qui l'ont de cette sorte, qu'ils sont
prudens, réueurs, fideles, loyaux et bons :
semblablement aussi la blanche cheuelure,
la jaune , et la blanchastre denotent mesme
chose. Nous adjousterons aussi en passant
ce que nous auons obserué de l'opinion des

Medecins. Ceux qui en jeunesse incontinent
ont les cheueux blancs, sont gaillards, inconstans, et ne se peuuent empescher de hanter
les femmes. D'abondant Alexandre Aphro-
diseus a dit, que cette humeur qui aux masles se conuertit en cheueux, se change et
müe aux femmes en sang menstrual, ou en
laict, quand elles ont conceu. D'où vient
que celles ausquelles la barbe croist, sont
appellées viragines, ou homasses, et il est
certain que telles femmes appetent grandement le plaisir.

CHAPITRE IX

De la Physionomie de la face.

TE semble-il point chose merueilleuse,
que de tant de faces d'hommes et de
femmes, à peine deux se ressemblent?
L'on n'en peut donner certaine connoissance en ce traitté: Mais qui pourroit s'en-
querir du courage et de la fantaisie de tous?
Toutesfois si aucun est fort envieux, il a
pour ce faire sa couleur et sa proportion; car
tout ainsi que la derniere des couleurs ou les
temperamens demonstrent les choses qu'elles signifient par les peintres, semblablement la couleur au visage de l'homme, denote bonté ou malice. La couleur rouge est
tousiours à craindre: demonstrant aussi
(selon le prouerbe) chaude complexion. La
couleur méchante, violette, ou plombée,
outre ce qu'elle denote colere noire, et in-
clination Saturnienne, signifie aussi autres

mauuaises affections du courage, comme
enuie, courroux, ire, rancunes, machina-
tions et espies. La couleur blanche, femi-
nine, molle et froide, denote l'homme froid
et mol, ou effeminé, sinon quand il y a
quelque rougeur meslée parmy la blancheur, comme l'on peut voir au visage de
sanguins. Cette couleur vermeille entre
toutes les autres, n'est seulement à loüer,
mais aussi fait occuper l'homme aux choses

honnestes, et le rend propre et suffisant à
tout. Quant à la proportion de la face, re-
marque bien cecy. Toute face est ou longue,
et y apparoissent des deux costez les os des
maschoires sortans dehors, ce qui demonstre l'homme estre orgueilleux, aventu-
reux, faisant tort à autruy, rioteux et trompeur : Ou elle est moyenne, non pas fort
maigre ny trop grasse, et signifie l'homme
convenable et propre à toutes choses.

La face charnuë, le denote estre paresseux, flegmatique, lent et tardif, lourdaut,
craintif, gaillard, inconstant, et presomptueux, et d'autant plus qu'il sera gras, de
tant plus sera-il indomptable, et aura l'esprit lourd et hebeté. La face maigre moyennement, denote l'homme ingenieux, studieux et prudent. Mais les enflures qui sur-
viennent aux maschoires par accident,
sans chair, demonstrent autre chose; c'est
à sçauoir epilepsie, et le mal Royal. La face
qui est pasle, n'est iamais de bon augure.

La jaune, qui toutesfois n'est pas jaune par
nature, denote la maladie que l'on appelle
la jaunisse, ou bien opilation de la ratelle,
ou inondation du fiel, et colere. Les Medecins disent que ceux-là ne viuent point plus
de soixante ans. Nous laissons les autres
choses, parce qu'elles sont communes.

CHAPITRE X

De la Physionomie des aureilles.

Q voy que les Aureilles ne viennent pas
bien au regard, toutesfois elles sont
ouvertes, larges, longues à la forme
de celles d'vn asne, et sont plus me-
surées et considerées selon la nature des bestes que des hommes. Ceux qui ont les
aureilles comme vn asne, sont paresseux
et lasches, et tiennent de la complexion
des asnes. Ceux qui les ont troussées et
petites, comme celle des singes, sont inconstans et trompeurs.

CHAPITRE XI

De la Physionomie de la teste.

S i tu prens la bouche, et le menton, les
levres, les cheveux, le front, les yeux,
les temples, les joües, toutes ces choses
ensemble font la teste tres-grande, ou bien
petite. Celle qui est aiguë en haut, denote
l'homme inconstant, lourdaut, estourdy,
à qui on ne peut rien apprendre, hebeté et
envieux. La teste moyennement ronde demonstre l'homme sage, qui a bon esprit et
entendement, fin, et ayant bonne memoire.
La teste petite, et le gosier non point trop
long, signifie l'homme auoir bonsens, estre
sage, et sçauant. La petite teste et le col long,

denote l'homme malheureux, foible et fol.

CHAPITRE XII

De la couleur de toute la Teste et du Corps.

C E que nous avons dit des membres, doit estre dit du corps, comme nous le croyons. Si en tastant ce petit corps nous le considerons diligemment, nous connoistrons facilement sa qualité et sa com-

plexion. La peau delicate, gresse et déliée, bien nette et bien polie, et qui est de chair molle, signifie que le sang domine : mesmement s'il y a quelque peu de rougeur aux joües. La peau blanche, molle et charnüe, denote les flegmes. La peau brune ou rougeastre, pasle, ou aucunement pasle et blesme, signifie melancolie, ou colere aduste. Si elle est ridée, nerveuse, pleine de duretez et espaisse ; elle denote aussi la colere.

4

Semblablement si elle est blanche, déliée
et maigre, cela signifie flegme, foiblesse,
debilité, et choses semblables.

CHAPITRE XIII

Des Bras.

IL ne nous faut pas beaucoup soucier des
bras, car je ne croy point qu'il y ait personne de si lourd esprit et entendement,
qui ne juge incontinent les bras estre forts
et puissans, quand ils sont nerueux, ou
charnus, veu mesmement que les forces du
corps viennent de ces parties : excepté
quand la peau est fort charnüe, et qu'il n'y
a point ou bien peu de nerfs. De cette sorte
sont, les flegmatiques et les sanguins, enclins à toute paresse. Les bras merueilleuse-
ment longs, denotent outrecuidance,
magnanimité, petitesse et basse condition,
dont on est issu, et cela auec briefue et
courte vie. Ceux qui sont courbez au regard de leur stature, et corps, denotent
gens mesconnoissans, eshontez, avaricieux,
mesdisans, envieux, et orgueilleux, et peu
differens de ceux qui ont les bras velus et
pleins de poils, lesquels sont aussi effron-
tez, battans l'vn ou poussans l'autre, gaillards, fins et cauteleux, malicieux, inconstans, variables, et ayans beaucoup de
paroles.

CHAPITRE XIV

De la Poictrine et des Costes.

Ceux qui ont escrit de la nature des bestes, discernent et jugent que non seulement la force du Lion, mais aussi l'audace, vient de la poctrine et de l'estomach. Et par cette conjecture nous disons que celuy qui a l'estomach sortant hors et apparoissant, est fort et hardy, gaillard, effronté, demandeur, injurieux et vilain en paroles, orgueilleux, noiseux et chiche. L'homme qui a l'estomach velu et couuert de poil rude et picquant, est de complexion colerique. L'estomach qui est chauue, denote froide complexion et flegmatique. A cette cause, ceux qui ont la poictrine bossuë et éleuée inégalement d'vn des costez, sont dits et conneus trompeurs, espieurs, prompts, et enclins à choses mauuaises, belliqueux, menteurs, et dissimulateurs. Pareillement, ceux ausquels l'estomach rougit iusques au gosier, sont remplis de courroux et d'ire, noiseux, présomptueux, orgueilleux, variables et craintifs, toutesfois on dit que l'estomach qui est poly, vn peu charnu, et n'a aucuns poils, est tresbon signe d'vn homme discret, sage et prudent, et de biens naturels. Or afin que nous ne laissions aucune chose qui soit vtile en l'art de Medecine, il est tres-

necessaire de sçauoir cecy. Ceux qui ont
le cœur plus petit, sont plus courageux que
ceux qui l'ont grand, car les esprits vitaux
poussans et mouuans, sont plus conjoints
en vn petit membre, qu'en vn tres-grand,
parce que quand ils y sont, ils s'écartent
facilement çà et là.

CHAPITRE XV

De la Physionomie de la Main.

POURCE que nous auons abondamment
escrit de la Physionomie de la main
en nostre liure de la Chiromance,
nous y renvoyons le Lecteur.

CHAPITRE XVI

Du Ventre, du Dos et des Entrailles.

IL n'y a pas grande difficulté à iuger en
voyant le ventre, le dos, ou les entrailles,
quel est chaque homme: car ces membres
ne sont pas le plus petit du corps. Or donc
sçachons quelles choses ce sont. Le ventre
pelu iusques aux épaules, et plein de poil
rude, denote principalement vn homme
injurieux, avantureux, courageux, entendu, prudent et sage, studieux, cauteleux et fin, autrement bien tard fortuné
et heureux. Le ventre maigre et mince,

signifie complexion chaude et colerique, et quelquefois melancolique.

L'on a dés fort lon-gtemps observé, que ceux qui ont le ventre gros et gras, ont le plus souuent l'esprit et l'entendement lourd. Le dos qui est le plus à loüer, est celuy qui est fort et large, ce qui est signe d'vn homme puissant. Quelques-vns sont d'opinion qu'il se faut garder de frequenter les bossus et les courbez, pource que sur tous les autres, ils sont entachez de quelque notable crime, principalement de detraction et d'enuie. Les cuisses grasses charnuës, denotent le semblable que le gras et le mol de la jambe, ou est la ratte, quand il est gras, c'est à sçauoir, hardy et fort. Pareille raison est de ceux qui sont depuis le genoüil iusques en bas, neruueux, maigres, déliez, et menus : ce qui denote foiblesse et debilité, comme l'on voit euidemment. On estime grand indice de debile et petite puissance, quand les pieds sont sans poil ; et au contraire, s'ils sont velus et pleins de poil rude, c'est signe de grande propension aux plaisirs, goinfrerie, et d'outre-cuidance. Ceux qui ont les pieds durs, ont l'entendement lourd et hebeté, mais ceux qui les ont mols et legers, ont l'esprit mol et leger. A l'esgard des femmes, cela a esté obseruué, que celles qui ont longs pieds, sont les plus convenables à donner lignée, car on dit que cette appréciation est principa-

lement jugé et connu par les pieds. Et certes l'on dit aussi que le pied potelé est le
signe de beauté de la femme : ce qui est
affirmé par le grand Albert, au liure des
Secrets des femmes, et cela n'est trop mal
dit. Certainement i'ay lu en d'autres livres
faits par des Medecins, que les pieds de
belle forme étaient indice de bonne nature.

CHAPITRE XVII

De la Stature de tout l'Homme.

Nous pouuons iuger par la stature, du
corps de l'homme, car nous lisons dans
les histoires, comme Maximinus fut
jugé estre lourdaut, à cause qu'il auoit le
corps de grande et merueilleuse hauteur. Et
de là vient aussi ce prouerbe, *La Limace
d'Egypte, et la Chausse de Maximian.*
Mais quel besoin y a-t'il d'alleguer quelque
chose de cecy ? Quoy qu'il en soit. nous
voyons communément tous ceux qui sont
ainsi prodigieusement grands, estre bien
peu, ou point du tout sages et entendus :
Et ce principalement quand ils ont le corps
long et maigre, et ont le col long et estendu comme la Cigogne. Nous en auons veu
quelques-vns de cette façon au Palais de
Frederic troisiéme et Charles, Empereurs,
estans si longs et si maigres, que c'estoit

merueille, et aussi ils estoient tellement
niais et hors du sens, que c'estoit chose admirable. Et ne different en grande chose à
ceux qui cheminent courbez. A cette
cause est confirmé le dire ancien : I'ay veu
peu souuent l'homme grand estre sage,
et le petit humble. Le corps de moyenne
stature, conuenablement gras, bien fourny
des autres qualitez, denote l'homme estre
de bon entendement, et esprit sage, diligent et appareillé à toutes choses.

EPILOGUE
ET RECAPITULATION
ET TOUT L'ART DE
PHYSIONOMIE.

Novs auons dit les choses cy-dessus es-
crites, afin que nous ramenions tout
en sommaire et abregé, combien que
ce que nous auons escrit soit suffisant et sa-
tisface. Si donc à parler briefvement, tous les
membres du corps sont mesurez depuis la
teste iusques aux pieds, s'il faut parler de
chacun, il faut premierement dire des
yeux. Ceux qui ont les yeux humides, luisans, ioyeux, et dardans, sont ordinairement ioyeux et plaisans : Mais ces choses
peuuent être veuës plus clairement, si

nous mettons au deuant de costé, tout
ainsi qu'en vne table, ce que signifie chaque
membre, et avions intention de le faire,
aussi nous auons fait telle situation.

Les yeux humides, luisans, et joyeux,
denotent bonnes mœurs, et vie honorable :
ceux qui sont tortus, enfoncez, rougeas-
tres, et tres-grands, denotent gourman-
dise, gloutonnie, et autre. Les petits et
enfoncez signifient auarice : Les entr'ouuerts, ou ayans vn peu de blanc meslé auec
du verd, denotent les espieurs, et guet-
teurs; les bas et fichez demonstrent vn
trompeur; les mobiles, denotent vn homme
qu'on doit craindre, noiseux, enuieux et
ventard; les yeux larges denotent les paresseux et tardifs; les tremblans signifient
vn coüard et lasche.

Ceux qui reluisent par fois, denotent
les ivrognes; les petits signifient les impudens ou eshontez; les branslans denotent les meschans; les variables et petits
demonstrent les flateurs et trompeurs.

Les yeux qui se tournent devers le nez
denotent les gaillards.

Les larges qui degoutent, et ont le regard
mobile et inconstant, signifient les enra-
gez.

Les secs denotent finesse; les tremblans
signifient les impudens.

Les noirs et clairs denotent l'homme
iuste et raisonnable, iugenieux, gaillard
et gentil; les verds à l'enuiron, denotent
l'homme trompeur, meschant et larron.

Les yeux humides signifient la grandeur de la pensée, entiere parole, et juste conseil; les grands qui branslent et dardent, denotent ceux qui sont hors de leur bon sens, inconstans et gourmands : Ceux qui vont en tournant, cavez, creux et secs, denotent les trompeurs et traistres ; les hauts, les gros, les clairs, nets et humides, signifient l'homme estre cauteleux et fin, studieux et langoureux. Les yeux qui coulent et pleurent, ou larmoyent, non par maladie, denotent folie : Ceux qui ne voyent gueres et sont secs, denotent les déloyaux. Les yeux penetrans, larges, humides et clairs, signifient l'homme de bon esprit, haut, éleué, impetueux, courageux, glorieux, et vanteur. Les yeux noirs et resplendissans, denotent l'homme craintif et meschant. Les yeux qui sont enflez tout autour, signifient vn cruel, gourmand et qui n'a chose en soy qu'on puisse aymer. Les yeux petits et creux denotent vn conuoiteux et espieur. Les yeux rians demonstrent l'homme raisonnable, iuste, enclin à rire, humain, et rendant recompense et deuoir à ceux qui luy font plaisir. Les yeux humides denotent vn homme de bon conseil. Les yeux tristes et humbles ou humides denotent vn homme studieux. Les yeux qui s'en vont auec les sourcils, ou se tournent et retournent quant et quant la peau qui les couure, denotent les gens amoureux et amiables. Ceux qui clignent les yeux, feignans ne rien voir, et voyent

bien, sont espieurs et larrons. Les yeux
chassieux signifient l'homme addonné à
friandise. Ceux qui ont les sourcils fort
estendus, sont effeminez. Ceux qui joüent
souuent de leurs sourcils, et peu couurans
l'œil, tant dessus que dessous sont larrons.

Le front estroit denote folie : le long, vn
qui apprend aisément : éleué, enflé , et
rond, denote vn fin et cauteleux, ne voulant entendre la raison. Le ridé, qui a plusieurs ennuis et fâcheries. Le rond, est signe d'vn enuieux et trompeur. Le large,
demonstre l'homme libéral.

Les sourcils fort pelus , denotent vn
homme begue, et s'ils sont estendus iusques aux temples, c'est signe d'vn homme
ord et sale.

La face pleine et bien vnie, denote vn
plaideur ordinaire et noiseux, qui fait tort
à autruy.

La fort maigre est signe d'vn sage : la
charnuë, demonstre vn qui apprend facilement : la face triste denote vn fol.

Les aureilles larges et ouuertes, denotent l'homme insensé, les grandes et ouuertes outre mesure, signifient vie imprudente
et mal aduisée. Les petites vn fol : les
quarrées vn sçauant.

Le nez aigu denote vn homme qui se
courrouce facilement ; le gras et petit, est
signe d'vn mal complexionné.

Celuy qui tourne vers la bouche, signifie
l'homme honneste, puissant, docile, et qui

apprend aisément ; le grand denote bonté ; le petit tromperie ; le camus friandise.

Les narines fermes et dures, denotent force ; les rondes crainte ; les larges et estendües çà et là, joyeuseté ; les estroites et rondes signifient l'homme fol.

La bouche large, denote vn vaillant en guerre et hardy ; celle qui est grande et ouuerte, et a la levre supérieure fort apparente et passante outre celle de dessous, signifie vn goulu, meschant, grand parleur, sot et indiscret, messeant et cruel.

Les levres petites, tendres et subtiles, denotent vn homme eloquent.

Les menües, et la bouche petite, vn efféminé ; les charnüs vn fol.

Ceux ausquels les dents (comme celles des chiens) font éleuer les levres, sont outrageux en paroles et infideles.

Les épaules pendantes sur la poistrine, signifient vn voleur.

Le ventre grand, denote vn homme indiscret, niais, glorieux et vaniteux.

Le ventre estroit, auec la poictrine plantureuse, denote l'homme entendu, et qui donne bon conseil.

Le dos large, denote noblesse et vaillance ; la mediocreté du dos, et de la poictrine, signifie un homme loüable.

Le dos bossu et voûté, est signe d'vn chiche et auaricieux.

Les bras trop longs, dénotent audace, bonté et force.

Les courts, signifient vn semeur de dissentions, et gaillard.

Les mains courtes, denotent l'homme grandement gras et robuste ? Si elles sont grasses, et aussi les doigts, c'est signe d'vn larron ; les petites denotent vn homme fin et cauteleux.

Les pieds charnus, denotent folie ; les petits et legers, signifient dureté et rudesse.

Le gauion aspre ou la gargote, denote vn baueur, vain et inutile.

Le col long et gresle ou délié, denote l'homme craintif, et mal complexionné.

Le gros et long, vn furieux, craintif, et opiniastre.

Le moyen, vn docile, robuste et vertueux.

Le gras, signifie gens ignorans, barbares, rustaux, et mal-aisez à contenter.

Le col rude et aspre, denote l'homme injurieux : le court vn sot et indiscret.

Le courbé, vn nonchalant et auaricieux.

Le col penchant à destre, denote vn homme attrempé et modéré : Et s'il pend du costé gauche, c'est signe d'vn hanteur de tavernes, buveur, et fol.

Le grand estomach denote vn homme honorable.

Le large et plantureux, signifie grand cœur et courage, audace et bonté.

Le petit, vn craintif, le charnu vn inhumain et cruel.

Les jambes menuës denotent ignorance, les grosses audace, et force, les larges, la magnanimité, les nerueuses, fermeté.

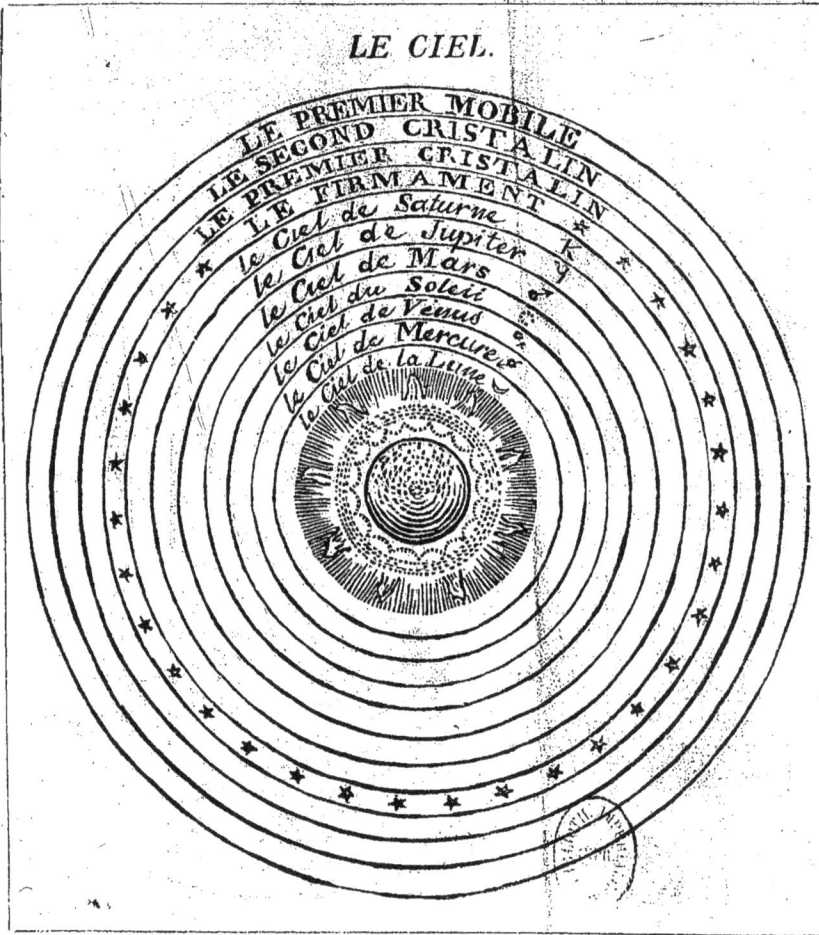

LE CIEL.

LE PREMIER MOBILE
LE SECOND CRISTALIN
LE PREMIER CRISTALIN
LE FIRMAMENT
le Ciel de Saturne
le Ciel de Jupiter
le Ciel de Mars
le Ciel du Soleil
le Ciel de Venus
le Ciel de Mercure
le Ciel de la Lune

Les courtes et grasses, cruauté : les bossuës et creuses en bas, signifient les hommes mauuais : les molles et enflées, arrestez.

Le gras et mol de la jambe, s'il est gros et court, denote le talon rude, et les cuisses grasses, demonstrent rage à venir.

Voylà des briefues instructions en la science de Physionomie, par le moyen desquelles vn chacun peut iuger de l'esprit et de l'entendement des hommes : Et certes ie ne doute point qu'Aristote, les Medecins, Valla, et plusieurs autres, n'ayent escrit le semblable. Laquelle chose ne diminuë aucunement nostre entreprise et honneur. Nous auons fait ce que nous auons peu, et ce par leur moyen et ayde. Que si par aduenture quelqu'vn nous veut blasmer, qu'il soit aduerty, que nous n'auons pas escrit des Commentaires, mais vn Abregé et petit Traitté : Et ainsi soit la fin.

DE LA CHIROMANCIE.

CHAPITRE PREMIER.

Les Grecs appellent Chiromance divination, qui est faite et cueillie par l'aspect et le regard de la main, et si long-temps a esté en usage enuers les Anciens, que ce mot, Chiromance, qui est tres-ancien, le dit et le démonstre. Or à qui veut écrire les obseruations de cet Art, je pense qu'il est nécessaire premièrement d'écrire et denoter celles de la main de l'homme, et de declarer ses parties, car par ce moyen seront plus facilement conneuës les sentences de Vaticination, ou pronostiquer par l'inspection de la main, que cela demonstre. La main ouuerte ainsi l'appellerons, est quand elle est estenduë et applanie : et l'interieure place de dedans s'appelle la Palme de la main : au milieu de laquelle ce qui est laissé creux et concaue, sera dit et nommé le Vole de ladite main. Puis sortent de la main cinq doigts, desquels le premier est le plus gros et le plus robuste, et est nommé le Poulce, pource qu'il precelle et est le plus fort que nuls des autres doigts.

Le plus prochain est appellé Index, c'est à dire demonstratif, à cause qu'il demonstre quelque chose quand il est estendu. Le troisième qui suit est nommé Moyen, ou Mytannier : pource qu'il est au milieu entre les cinq.

Après cestuy-cy, le prochain du plus petit est appelé Annulaire, pour autant qu'il est coustumierement ceint et enuironné d'vn anneau d'or, celuy mesme qui est en la main senestre : de laquelle chose les Sages et lettrez ont mis par écrit la raison, qui est que dans les corps lesquels on decoupe et dont on fait Anathomie, est trouué vn nerf fort tendre et delié, qui s'étend depuis ce doigt iusques au cœur de l'homme.

Parquoy les Anciens ont dit que ce doigt estoit enuironné d'vn anneau d'or, comme d'vne couronne. Ou bien il est dit certainement de la nature de celuy or, par lequel le cœur est viuifié et conforté comme disent les Medecins.

Le plus petit et le dernier de tous, nommé par aucuns le doigt Auriculaire ou Auriculier. Et cecy suffira quant aux doigts de la main. Nous appellons le poing quand la main est close, et comme fermée, estans les doigts resserrez et pliez ensemble, duquel poing la plus haute partie est prés le Poulce, et la plus basse est de l'autre costé, laquelle partie de la main, à cause que nous la remuons en frappant sur le corps d'aucun, ou sur autre chose, est appellée la percussion de la main, selon les Chiromanciens. Et la main au lieu où elle est jointe au bras est dite la jointure de la main, où à raison que là au droit elle est plus restrainte et sort plus en destroit, elle est dite la main restrainte. Tous les doigts ont des enflures, qui se leuent des racines d'iceux doigts, et sont par aucuns appellées Montaignes, attribuées et dediées aux noms des Planettes, auxquelles est adiousté cette chair paroissante et eminente, qui est et appartient à la percussion de la main. Parquoy auient que le lieu de toutes les Planettes est fait à la main de l'homme, d'où viennent les diuinations et prognostications, que plusieurs nomment Propheties. Car l'enflure du poulce appartient à Ve-

nus, et est signé de telle note. Et combien
qu'aucuns soient d'opinion contraire, toutesfois nous ne laisserons la voye des anciens, lesquels nous auons promis imiter
et ensuiure : comme il apparoistra cy
apres. L'Indice, Iupiter a tel signe ♃. Le
Moyen ou Mytannier, Saturne, est ainsi
signé ♄. L'Annulaire, Soleil, est de telle
figure ☉. L'Auriculaire, Mercure, est sous
cette forme ☿. La tumeur ou enfleure qui
est en la Percussion de la main, est occupée
de la Lune : et la notons ainsi ☽. Nous dirons peu apres quel lieu a Mars. Mais dé-
criuons premierement les sections ou tranchées de la main ; que les anciens appellent incisures : et les nostres les nomment
et appellent les lignes. Celles-cy sont les
plus principales sçauoir la ligne nommée
Restraincte ; et qui diuise la main du bras :
car en elle est quasi ioínte la ligne de la
vie, ou du cœur.

Laquelle née sous la tumeur ou enfleure
du doigt Indicatif, ou demonstratif, ou au-
pres comme entre le Poulce et l'Indicatif,
trenche la main tendante enuers la Restrainte. En cette mesme region ou costé de
la main, c'est à sçauoir, à l'enfleure du
doigt Demonstratif, sort vne ligne, qui est
estenduë et allongée à l'enfleure de la Lune, en trauersant la main, et est appellée la
ligne Moyenne et naturelle. Et certes ces
deux lignes ainsi sorties et venuës, com-
mencent la forme d'vn Triangle. Laquelle
si elle apparoist (car en aucuns n'a point

apparence), elle est dite la ligne Tabellaire,
ou du foye, ou de l'estomach, car par ces
noms cette section ou trencheure est de-
notée, qui la parfaict : si qu'elle soit
comme la base et le fondement du Triangle. Et sort bien pres de la Restraincte,
sous la tumeur et enfleure du poulce : et
en outre la Moyenne naturelle prouient et
decole à la montagne de la Lune. Nous
donnons et attribuons à Mars l'espace enclos par ces lignes : et l'appellons le Triangle de Mars luy attribuant ce signe ♋. Il y
a aussi la ligne Mensale, qui demande le
doigt Indice, ou (comme i'ai dit cy deuant)
Demonstratif, née sous l'Auriculaire, en
cette partie en laquelle la tumeur ou mon-
ticule de la Lune sort. Et a eu ce nom
telle ligne , à cause qu'entre elle et la
moyenne naturelle l'espace laissée , elle
ressemble et denote la figure de la table :
car totalement est appelé celuy espace, la
table de la main, ou bien est dite et nommée quadrangle , pource qu'elle fait vn
quarré, ou quatre angles. Et en outre elle
est appelée la ligne de fortune. Et sont
quasi cestes-cy les meilleures sections ou
trenchées de la main : ausquelles les autres
plus petites sont recüeillies comme aux
principales lignes. Mais nous les descrirons toutes ainsi qu'il peut estre bien fait,
et entant qu'il appartient à cet art, nous
exposerons de leur signification quelque
chose. Et estime qu'il soit bon de parler
premierement de ces lignes qui prennent

5.

leur nom et domination de trois nobles
membres du corps humain, c'est à sçauoir
du cœur, du cerueau, et du Foye. Et tout
ainsi qu'en ces parties du corps tout ce qui
est le plus noble et principal de l'homme
est tourné, pareillement de ces trois incisures, et tranchées, ou lignes, on peut
dire, ou deuiner de la santé de l'homme et
de la mort, et de toute autre chose qui luy
peut et doit advenir. Laquelle chose si elle
semble à aucun trop friuole et legere, qu'il
se souuienne des Anciens Pythagoriciens,
lesquels ont conjecturé et assis iugement
par les lineamens des corps des hommes,
et souuent ont predit et annoncé les mœurs
et complexions des hommes, et ce qui
estoit à aduenir à aucun. Car il est dit de
Socrates, que quand aucun l'eut descrit
par sa Phisiognomie, et eut dit qu'il estoit
le plus ord et sale de tous les viuans, et
totalement perdu par les plus grands dé-
fauts : et pour cela fut ledit Physiognome
reprouué et repris par les disciples dudit
Socrates, comme s'il eust faussement et
mauvaisement menty ; lors Socrates ré-
pondit et dit : Ces choses me sont naturellement venuës ; mais i'ay corrigé les
vices de ma nature, par la reigle de raison.
Signifiant les imperfections que nous
auons de nature pouuoir estre amendées
par coustume : et que l'homme peut resis-
ter et contrarier en aucune manière, contre la destinée ou Fortune. Aristote Prince
des Peripateticiens dit, que la main de

l'homme est faite de Nature, comme l'instrument des instruments, et l'organe des organes en l'humain corps. Doncques , veu que son office sert également à toutes les parties du corps humain, et que la vertu de tous les membres, concoure ensemblément en l'humaine création, il est grandement consonant qu'aucuns signes de l'humaine qualité (qu'on appelle complexion) et les indices et demonstrances puissent estre regardées dedans la main de l'homme. Telle est la proportion de tous les membres entr'eux, que toutes choses en chacune d'eux conviennent, et y sont. Pline dit et afferme, qu'au temps de son âge estoit desja l'art de Chiromance en usage.

CHAPITRE II

De la ligne de Vie.

LA ligne de la vie, qui est appellée la ligne du cœur, commence comme dit est à la montaigne du doigt indicatif, où démonstrant par le milieu de la palme, et rend aulieu où nous avons voulu que la main fust appellée Restrainte. Laquelle ligne si elle est longue, droite et luisante d'aucune vive couleur, elle denote et signifie longue vie : et que l'homme n'aura gueres de maladie. Cela afferme Pline, quand il dit : Ceux qui ont les espaules courbées, et en une main

deux longues incisures, sont de longue vie.
Ce qu'il faut entendre de la ligne de vie, et
Moyenne naturelle. Et si la vertu naturelle est imbecille et debile, la ligne de vie
apparoistra ariée de diverses couleurs, tendre et prime, et aussi tranchée de petites
lignes contraires, et si elle est briéve, elle
signifie la brieveté de la vie, et contraire
santé de la personne, et péu de force. Et
denote aussi, que celuy homme difficilement et à peine parviendra à aucune chose
desirée. Et si ladite ligne est plus grosse et
espaisse, longue, non divisée et confuse,
cela denote toutes choses contraires. De
laquelle chose si aucun veut sçavoir de
nous la raison, nous respondrons que le
sang qui donne force au cœur, et lequel
aucuns ont cuidé estre le siege de l'ame,
luy administre telle chose.

Car les signes du cœur, du cerveau, et
du foye, sont certains en la main de l'homme, pource qu'en eux la plus grande et
meilleure partie de la vie de l'homme est
comprise, et contenuë. Il n'est pas ainsi
des yeux, des oreilles, et de la bouche, des
pieds et des mains, combien que ces membres moins nobles, soyent veus avoir esté
faits plus pour la beauté du corps, que
pour la necessité. Et a cette cause toute
main a ces trois lignes, et plusieurs n'ont
pas les autres, excepté les rustiques, et la-
boureurs, ausquels elles sont effacées et
abolies. A cette cause il est nécessaire de
souvent repeter et reïterer, que ces arts

sont conioints entr'eux, afin qu'ils ayent tousiours affaire de leurs aydes, qui sont mutuelles, et vont de l'un à l'autre. Laquelle chose à celle fin, que manifestement la mettions en avant, repetons-la de l'Art d'Astrologie. Et ce suffira, quant à la nature des signes erratiques : c'est à dire des Planetes, ainsi nommées par les Grecs. Car ce sont celles qui forment et façonnent non seulement les corps des hommes, mais aussi les esprits et entendemens.

Or Saturne fait les gens sages, pourvoyans à leurs affaires, posez, convoiteux, peu parlans, et eux mesmes aggreables. Iupiter les fait plaisans, benins, paisibles, sobres, et parlans bien ornément. Au contraire, Mars les fait cruels, inhumains, et mensongers. Le Soleil les fait piteux, nobles et francs, heureux et eslevez en gloire. Venus les crée tels, qu'ils ne se peuvent défendre de regarder les femmes, injurieux, beaux et resplandissans de bonne grâce. Mercure les fait cauteleux, rusez, sçavans, alaigres, et habiles de corps. La lune les rend subtils ingenieux, et excellens ; mais ils sont trop inconstans et paresseux. Cecy est dit generalement de la mobilité et diversité des entendemens.

Or maintenant afin que tu connoisses plus apertement la grande difference qui est entr'eux, et comment ils produisent divers effets, ie mettray cy apres quelque chose de la voix. Saturne donne la voix.

tardive, bruyante et mal sonante. Mars la
donne bruyante ou criquante. Iupiter la
fait sonoreuse, resonante, et douce. Venus
la fait molle, effeminée, et delectable. Le
semblable font le Soleil et Mercure.

Les signes ont leurs voix aussi : car ceux
qui rendent un son clair et resonant, sont
la Vierge, Gemini, Libra, et Aquarius :
et ceux qui la font moyenne, sont, Tau-
rus, Aries, Leo et Capricornus ; et la derniere part du Sagittaire, Cancer, Scorpius
et Pisces. Et cela est entant que concerne à
la voix seulement.

Il y a aussi quelques signes qui sont
expliqués ; ce sont ceux-cy, Cancer, Scorpius, et Pisces. Et les autres comme Gemini, Leo, et Capricornus. Et en telle maniere, tout ce qui appartient aux faits et
actes humains, peut estre accommodé ou
comparé aux Signes qui sont leurs promoteurs. Or donc d'autant qu'on ne le peut
nier plus grievement, ceux qui se mocquent de l'Astrologie, disent qu'elle n'est
pas une chose divine, mais pleine de men-
songes, et de nulle importance. Lesquels
nous descrirons et peindrons de leurs couleurs en leurs propres lieux, et cependant
retournons à nostre propos.

CHAPITRE III

De la ligne moyenne naturelle.

LA ligne moyenne naturelle est appellée celle qui commence à la racine de la ligne de vie, passant par le milieu de la palme vers la montagne de la Lune, ou bien vers la percussion de la main. Si telle ligne est droite, non point separée, ne trenchée de petites lignes tournées au contraire, cela sinifie tres-bonne santé, sain cerveau, esprit et entendement vif, avec bonne memoire. Et si elle est longue et estenduë iusques à l'enflure de la Lune, elle denote le courage vaillant et hardy, et longue vie. Et si elle est courte, tellement qu'elle ne sorte point hors le concave de la main, ou le creux, elle demonstre l'homme estre craintif et timide, chiche, avaricieux, imprudent, et plein de déloyauté. Et si ladite ligne n'est point estenduë iusques à la montagne de la Lune, ou si elle est finie du costé de son espace, qui est entre le doigt du milieu et de l'annulaire, elle signifie que l'homme est de mœurs corrompuës, et de courte et briefve vie. Et si en la forme d'un demy cercle, ladite ligne divague de l'autre costé de la montagne de la Lune, et est courbé à cette enflure ou timidité, d'autant qu'elle sortira plus longue, d'autant plus elle promet longue vie, mais on sera pauvre en vieillesse. Davantage, si cette

mesme ligne se dresse en haut, et aux
doigts, en la partie qu'elle finit et deffaut,
elle demonstre l'homme estre eshonté, im-
pudent et malicieux. Et si elle monte fort
aux doigts, elle le demonstre fol. Et au
contraire, si elle tend contre bas, et quasi
allant à la restrainte de la main, cela denote l'homme convoiteux et meschant. Et
si elle est recourbée de l'autre costé, et
qu'elle touche la ligne Mensale, cela demonstre quelque dommage et mauvaise
adventure. Et si elle est tortuë, et non
point unie, mais inégale et de diverse couleur, c'est signe de peu de courage, et
quelquefois de larcin. Quand elle est
droicte, égale, et de belle et luisante couleur, et qu'il y a quelques lignes qui sortent
d'elle, c'est signe de bonne conscience et de
iustice. Mais quand la moyenne naturelle
est large et grosse, entremeslée de quelque
rougeur, elle denote grossiereté d'entendement, et peu de prudence; et quand elle
n'est ny trop estroite ny trop large, et bien
colorée, c'est signe d'un homme ioyeux et
bien fort. Si elle est menüe, déliée, pasle
ou blesme, elle denote la foiblesse et debilité du cerveau, et les vapeurs montant de
l'estomach à la teste. Et si cette ligne apparoist grosse et trop haute, et qu'il y ait
auprés d'elle quelques petites lignes, avec
couleur rouge, l'homme sera courroucé et
plein de rage.

Cette figure de la main devant peinte,
avec la ligne moyenne naturelle, comme

elle est dite, commençant à la racine de la ligne de vie, et passant droitement par le milieu de la main, sans incisions aucunes, signifie la bonne disposition du corps de l'homme, et la santé entiere du cerveau. Et quand elle fera un coin, ou anglet aigu ou pointu, avec la ligne de vie, elle denote la bonne memoire, égalité et vraye bonté de l'entendement. Mais si elle est (comme il est escrit au Canon) inégale, ne sortant point hors le creux et concave de la main, elle demonstre l'homme craintif, avaricieux, chiche, et estre de petite et courte memoire.

CHAPITRE IV

De la ligne Mensale.

L A ligne Mensale est dite ainsi, pour autant que la Table, que les Latins appellent *Mensa,* est d'elle constituée et ordonnée. Et en cette maniere nous disons estre appellé l'espace laissé entre la Mensale et la moyenne naturelle, où aussi la ligne quadrangulaire est dite d'iceluy, car avec la ligne moyenne naturelle, elle fait proprement le quadrangle. Si cette ligne Mensale est égale et assez longue, haute et assez droite, elle signifie bonne qualité de nature, le foye estre bon, qui est des membres principaux la force en l'homme ; et denote aussi temperance, modestie, et fermeté

6

d'esprit en bonnes œuvres. Et si elle est estenduë par delà la moitié de la montagne qui est sous le doigt demonstratif, en sorte qu'elle touche la montagne de Iupiter, c'est signe d'un esprit vehement, et aussi de cruauté. Et si elle est rouge en la partie d'en haut, elle signifie l'homme estre rapporteur, et envieux de la prosperité et bien d'autruy. Et si elle a les rameaux droits, tendans au lieu du doigt de Iupiter, cela promet beaucoup d'honneur, augmentation et accroissement de grandes richesses; et aussi demonstre le pauvre petit à petit devoir monter et estre en grande dignité, puissance et autorité : Mais si ladite ligne est nüe et sans rameaux, et qu'elle tire vers la racine du doigt demonstratif, elle denote que l'homme deviendra pauvre et malheureux. Davantage, si elle a trois lignes, ou quelques rameaux à la fin, c'est à sçavoir vers la montagne de Iupiter, directement tendant au plus haut anglet, elle denote l'homme heureux, joyeux, liberal, noble, et exellent, plaisant, modeste et posé; comme aussi plein d'honnesteté, se delectant en beaux habillemens et convenables, aymant droict et raison, desirant toute netteté et pureté, et qui se réjouit et delecte en faveurs et diversité des senteurs et bonnes odeurs. En la naissance duquel homme, celuy qui considerera son horoscope, il y trouvera le Taureau, ou Libra, ausquels preside Venus ou le Sagittaire, ou les Poissons, desquels Iupiter est seigneur, ou quelque Planete qui soit là, il connoistra facilement la raison de cette chose.

Et si une petite croix est trouvée en ce mesme lieu, elle signifie l'homme liberal et amateur de la verité, courtois, gracieux et doux en langage, et communement orné de toutes vertus. Que s'il est ieune, il aura la barbe au menton plutost que les autres. Et si ladite ligne sort du costé du mont qui est sous le doigt moyen, et n'a aucuns rameaux, elle demonstre l'homme mensonger, plaisant à soy-mesme, inconstant, trompeur, qui n'a nulle honte, et semant noises et discords. Quand cette ligne est conjointe avec la moyenne naturelle, en sorte que les deux font un anglet, l'homme aura diverses perturbations et troubles en l'entendement, et perils du corps, tellement que sa vie luy déplaira quelquesfois.

CHAPITRE V

Pour la Restrainte.

Nous avons desja dit que tout cet espace qui apparoist en la joincture de la main, par laquelle il est joint au bras, se nomme Restrainte. Si cet espace est net, ayant bonne et vive couleur, il signifie la bonne qualité du corps; et au contraire, il la denote mauvaise. Or il faut noter que le plus souvent deux lignes apparoissent en cette

mesme joincture, qui divisent la main, et
la separent du bras. Que si ces deux lignes
s'y trouvent, alors celle qui est plus proche
de la main, si elle est égale, droite, de
bonne couleur, et tende en haut, signifie
richesses : et quoy que celuy qui a ce signe
soit fort pauvre, si aura il accroissement
en biens, et bonheur venant d'aventure,
mais ce sera d'autant plus, que les rameaux
seront plus droits, et point trenchez. Que
si aucune ligne sort de la racine du bras,
et soit estenduë iusques à la racine du doigt
moyen, elle promet tres-bonne fortune et
heureuse adventure. Si quatre lignes sont
trouvées en cette jointure, trenchans le bras
detravers, et sont égales, et bien conjoinc-
tes, c'est signe d'honneur, et d'avoir des heritages et successions de ses proches. Que si
en la racine du bras, prés la montagne du
poulce, et pres la ligne de vie (si tant se
baisse et devale), sont trouvées trois lignes
ou trois estoilles, et mesme plusieurs, c'est
signe que celuy qui a ces marques sera accusé
par les femmes, et peut-estre en aura quelque des-honneur. Si aucune ligne va de la
moyenne Restrainte par la racine du bras
vers la montagne de la Lune, c'est signe
que l'homme aura beaucoup d'adversitez,
et d'inimitiez secrettes. Cette ligne ainsi
sortie, si elle est tortuë et mal-unie, est
signe de perpetuelle servitude : et denote
que l'homme ne parviendra iamais à obtenir
honneurs ou richesses. Que si aucunes lignes sont esperduës çà et là loin de la Res-

trainte et montent à la montagne du Poulce, ou gisent en sa basse partie, c'est signe
à celuy qui l'a, qu'il sera griévement tourmenté et affligé de ses prochains, et de
ceux lesquels il a les mieux aimez et tenus
pour ses feaux et grands amis : et par eux-
mesmes sera blessé, dépoüillé, et mis aussi
en prison : Si aucunes lignes pendant ce
naissent du bras, et trenchent la Restrainte, et soient conjointes en la plus haute
partie, celuy qui a ce signe mourra banni
de son pays. Neantmoins si lesdites lignes
ne sont continuellement jointes, mais distantes separément, c'est signe à l'homme
lequel a cela, qu'il mourra loin de son
pays vers les nations estrangères. Si ces
mesmes lignes tendent à la Percussion
de la main, elles signifient longues navigations, et chemins de la mer, et la vie totalement incertaine et vagabonde : elles denotent aussi que cet homme sera affligé et
tourmenté par diverses navigations et pe-
lerinages. Quand quelque ligne tend directement par la Restrainte, iusques à la
montagne du doigt demonstratif, cela demonstre que l'homme ira loin, et à grand'
peine retournera en son pays. Davantage,
si aucune ligne de la Restrainte tombe en
la Vole ou Creux de la main, par la ligne
de vie, et qu'elle soit rouge, elle signifie la
foiblesse et la debilité du corps, et les
maladies. Mais si cette conjonction ou as-
semblée paslit, elle denote que ces cas ne
sont plus, ny ne seront, mais sont desja

passez et accomplis sans plus les craindre.
Que si aucun Triangle prend son origine
de la Restrainte, et tend à la montaigne
de la Lune, et que ce signe soit en la main
d'une femme, cela denote qu'elle sera de
mauvaise tenue en sa ieunesse, et fleur de
son âge. Aussi quand en quelque femme
cela apparoist, en sorte qu'elle ait pres de
la Restrainte une petite croix, ie dis que
cette femme sera honneste, bonne, sage, et
ornée de toute chasteté. Et voila les signes
de bonne qualité au corps de l'homme.

CHAPITRE VI

Du Triangle de la Main.

L E Triangle en la main est de trois lignes : c'est à sçavoir de celle de vie, de la
moyenne naturelle, et du foye ou estomach, et tellement sont disposées qu'elles
monstrent la forme et la figure d'un Triangle. L'espace qui est enclos entre ces lignes est divisé en trois parties, qui sont
ces trois anglets : Dont le premier est
ordonné (comme cy-dessus avons dit) de la
ligne de vie, et moyenne naturelle : et est
nommé l'anglet suprême, ou le plus haut.
Il y en a aussi un autre qui se fait de la
ligne de vie, et du soustenement du pied
du Triangle, et est dit et nommé Anglet senestre. Or le Triangle des anglets égaux,
ayant de belles lignes et de bonne cou-

leur, resplendissantes et droites, signifie
bonne qualité du corps, et avoir bonne
santé, et pensée asseurée : et de plus,
monstre grande renommée et bon bruit
qu'on a parmy les gens, et longueur de la
vie. Ce Triangle estant au contraire par
lignes obscures et inégales, et qui ne rap-
portent point le Triangle bien clair, est signe qu'il faut totalement iuger au contraire. Si l'espace de ce Triangle est large
et apparent, il denote le courage liberal,
magnifique, et audacieux. Et au contraire,
s'il est étroit et court, c'est signe d'avarice,
de chicheté, de peur, et crainte. Si ledit espace dedans le Triangle est pasle, tirant à
couleur de plomb, il signifie que l'homme
se courroucera, et est souvent un trompeur. Que si une partie de ce Triangle est
trenchée par rides ou par plis, il denote
mauvaise qualité du corps. L'anglet suprême est divisé en trois parties depuis la
ligne de vie, iusques à la moyenne naturelle. Premierement en cette palme de la
main, quasi au droit de cette vallée qui est
entre les deux monts du doigt Indice et du
Moyen. Parquoy nous disons, que celuy
qui l'a, ordinairement menera pauvre vie,
endurera calamité et misere, et sera captif,
ayant l'entendement en angoisses et plein
de sollicitude, et avaricieux, ne desirant
que d'amasser argent. Secondement si cet
anglet est aigu et bien clos sur le milieu
du mont du doigt Indice, il signifie tres-
bonne nature estre à l'homme, et bon en-

tendement et subtil, bonne qualité et complexion, bonnes aventures de fortune,
innocence de mœurs, et toutes choses plus
parfaites, dautant plus que l'anglet sera
clos estroitement.

Et si en ce mesme espace appert une
croix sans aucune incision, cela signifie
bonne chose tant à l'homme qu'à la femme,
car ceux qui ont ce signe, mourront en
bonne renommée, apres avoir vescu hèu-
reusement : mais si l'anglet droit est fort
aigu, cela denote l'homme bien diligent, et
prévoyant à ses affaires, et grand menager.
Que s'il est gros et obscur, c'est signe de
rusticité, d'ignorance, de paresse, et de
long dormir. Si l'anglet senestre est aigu,
il dénote l'homme grand parleur, et mocqueur : et que neantmoins il est subtil et
industrieux, et ainsi le croit : que si le plus
haut anglet n'est point aigu, et que l'on
trouve quelque signe à la maniere du ca-
ractère de Saturne en ce mesme lieu, c'est
signe de mauvaise nature, vrayement Saturnienne, comme il appert évidemment
au Triangle soubscrit.

CHAPITRE VII

Du Quadrangle.

Cer espace qui est entre la ligne Mensale, et la Moyenne naturelle, est
appellé Quadrangle. Si donc les incisions du Quadrangle sont de vive et luysante

couleur, elles signifient bonne raison et
équité, et bon gouvernement de vie. Qui les
aura au contraire, sera injuste, déraisonnable
et mauvais, comme j'estime. Cet espace est
large et estendu en un homme liberal, de
grand cœur et courage. Celuy qui a en ce
lieu dedans la main, une croix clairement
apparente, sera fortuné, et bien-heureux à
accroistre les revenus et les rentes de l'E-
glise, et d'autant plus sera cela, si cette
figure doublée ou triplée est à la forme de
treilles, ou de claires voyes. Si quelques
lignes ou incisures trenchent cette figure à
travers, ou bien si cette croix est tortue,
cela trouble et divertit l'effect : car lors
viennent toutes choses au contraires, selon
mon opinion. S'il appert en ce lieu une
estoille, ie coniecture l'homme estre courageux, iuste, non feint, vray, et de tres-
bonne conscience ; et qui par contrariété
de fortune, estant venu quelquefois à pauvreté et défaut de biens, sera derechef re-
monté par sa vertu. Nous parlerons maintenant des enflures des doigts, et des
mesmes doigts aussi, comme aussi des
lieux et des stations des Planetes, et des
choses qui pourroient survenir.

Nous avons exposé au precedent chapitre ce que signifient ces caracteres, de la
ligne, ou les croix en la Table de la main,
et au Quadrangle. L'estoille mise au milieu
de la Table de la main, demonstre l'homme
estre amateur de tout bien et équité, et
pour cette cause sera digne d'honneur et

de reverence, et aura maintes dignitez. Il sera notoire à tous, que ceux ausquels les mains tremblent par nature (car à plusieurs advient ce tremblement, peut-estre à aucuns par maladie), sont gens querelleux, meschans et ivrognes.

CHAPITRE VIII

Des Montagnes des doigs, et premierement du mont du Poulce, qui est appelé par les anciens le mont de Vénus.

A PRÈS avoir assez parlé des principales lignes de la main, maintenant il nous faut escrire des lignes particulieres des

doigts, et de leurs montagnes aussi, et déclarer leurs significations, en y adioustant la nature des sept Planetes, et comme il est permis de connoistre entr'eux quelle chose convient, ou au contraire quelle chose nuise en peril et danger. La montagne du Poulce, est cette enflure qui passe en la naissance de la ligne de Vie, descendant à la Restrainte de la main, et est appellée la montagne de Venus. Laquelle estant douce, sans avoir aucunes rides ou incisions, ou bien peu, et soit de vive ou rouge couleur, signifie bonne qualité du corps, et demonstre celuy qui a ces signes, estre admirant les femmes, et qu'il ayme les beaux habillemens, et les choses qui sont nettes. Aussi quand ladite sœur de la ligne de Vie est plus longue, sans estre rompüe incontinent, mais suit tout au long la ligne de Vie, cela denote richesses perpetuelles. Quelquesfois il y a en ladite enflure quatre lignes en égal intervalle, estendües depuis le haut du mont, iusques à la Restrainte, lesquelles promettent richesses et honneurs, incontinent au premier aage.

Neantmoins ie ne dis pas que l'on doive adjouster foy à cet art, en sorte qu'on croye que par le seul regard de la main, on puisse connoistre ces choses. Mais il est permis de penser par conjecture. A quoy sert beaucoup de regarder l'homme, et de le contempler totalement, afin qu'on voye comme toutes choses conviennent et s'accordent entr'elles, et que par tel ayde il demonstre l'occulte nature de l'homme, et le sort ou la vie à venir.

Et n'est la nature de l'homme plus à
considérer en ces choses, qu'en toutes les
autres : car cela ne vient pas seulement par
le regard de la main, mais aussi de la con-
templation de toute la disposition et estat
du corps. Parquoy ce que nous avons exposé d'un seul, pourra estre pour exemple
de tous. Davantage, ceux qui ont en la
montagne du Poulce plusieurs lignes et
fentes, sans ordre ny iuste espace, mais çà
et là dispersées diversement, sont meschans, pleins d'amertume, quelquefois
noiseux et difficiles à servir. Ils ne se sou-
cient d'aucune science, ny de sçavoir
aucuns bons enseignemens, mais ils sont
plus capables des autres choses ; outre qu'ils
inventent soigneusement toutes choses su-
perfluës et dissoluës. La raison en est,
comme il m'est advis ; que la Chiromance
et l'Astrologie sont si naïves, qu'elles ne
peuvent bonnement estre apprises l'une
sans l'autre : comme nous dirons plus amplement.

CHAPITRE IX

Du mont du doigt Indice, et de ce doigt, et des
Ionalistes.

JUPITER entre toutes les Planetes, est le
plus doux et liberal : et a son lieu en la
main en l'enflure, ou mont, qui est sous
le doigt demonstratif. Doncques si tu le vois

Ecce faciem eius per quam facta sunt et cui obediunt omnes ✝

Sit mihi adiutor et non timebo quid faciat mihi homo ✝

Deus in adiutorium meum intende Dne ad adiuvandum me ✝

Exurgat deus et dissipentur inimici eius et qui oderunt eum ✝

manifestement uny, dis franchement que
cela signifie honnesteté de vie, et bonté de
nature. Et d'autant plus, si de ce doigt aucunes petites et quelque peu obscures
lignes vont en avant, et principalement
quand elles ne sont pas fort distantes l'une
de l'autre : alors elles apportent signification d'avoir honneurs et dignitez des

Princes. Quelques-uns ont asseuré cecy
plus hardiment, qu'il aura autant de dignitez et degrez Ecclesiastiques, qu'il y a
de lignes en ce lieu. Si en la main de quelques-uns est trouvée aucune ligne droite et
claire, née et sortante de la racine du doigt
Index, et se mouvant et traversant de la
Moyenne naturelle à l'anglet du mont de
ladite naturelle, c'est un signe que ceux

qui auront telle marque, seront courageux,
appetans bonne renommée, et vaillans
combattans. Davantage, quelque petite ligne allant de la Mensale à la montagne de
l'Indice, denote la mesme chose. Et si
quelques lignes traversés, entre-couppent
cesdites incisions, c'est signe que celuy
qui aura ctte marque, aura quelque bles-
sure à la teste. Davantage, aucunes croix
apparentes en la montagne de Iupiter, signifient augmentation d'honneurs, et accroissement de dignitez, et en tel nombre
de degrez, qu'il y aura de lignes, et si il a
souvent esté trouvé que tous ceux qui ont
tels signes, ont eu plusieurs prestrises, et
autres dignitez Ecclesiastiques. Or ceux
qui sont marquez en telle maniere, sont
appellez Ioviaux, principalement ceux
lesquels usent souvent des bonheurs
de la fortune. Ils ont le corps petit,
mais ils sont de forme tres-agreable, plaisans, de couleur blanche, les cheveux crespus, ayans les yeux beaux, clairs et addonnez à ioye et liesse. Et ils sont de cette
nature : Ils sont de grand courage, et orgueilleux, desirans grandes choses, et
donnent plus qu'ils n'ont de revenu : ils
convoitent de regner ou de commander
aux autres : ils sont occupez és choses
grandes, et impatiens de choses basses, et
de peu d'estime : ils méprisent la medio-
crité : ils sont honnestes, nobles, et desi-
reux de gloire, et de bonne renommée :
quelquefois ioyeux, addonnez à plaisirs et

delectations. Souvent aussi ils sont orgueilleux et enflez du vent de gloire, propres à
de grandes affaires, et desirent et convoitent les dignitez, ayans bonne opinion
touchant la Foy, studieux d'acquerir amis,
simples et allans à la bonne foy, et ayans en
horreur et dédain les tromperies : desirans
la paix, bons en toutes choses, et addonnez
grandement à sapience, toûjours munis de
sagesse, de civile prudence, de conseil, et
d'eloquence. Leur marché n'est pas trop
tardif, ny trop précipité. Et là promettent
avoir constance et fermeté d'entendement.
Il n'y a point entre les hommes qui soient
plus heureux, ny qui iouyssent plutost de
leur desir et souhait. Tu ne trouveras
gueres un homme Iovial qui n'ait la voix
claire, et les deux dents d'enhaut fort apparentes, et sortant bien-tost de l'âge de
puberté. Ces choses font dites en general,
de ceux qui sont nez sous Iupiter, et
desquels il est seigneur, sans aucune autre
mauvaise Planette.

Si quelque femme a plusieurs lignes qui
aillent de travers et en large, à la derniere
iointure du doigt Indice, prés la main, on
dit que de grands heritages luy écherront
par la mort de ses proches, ou parens. Et
si elle a lesdites lignes en l'article du milieu elle sera envieuse, menteuse et trom-
peuse. Que si par ces mesmes signes elle a
la montagne de Iupiter trenchée, cela denote qu'elle se courrouce facilement, et
qu'elle est tres-difficile à servir, et nui-

sible. Cecy a esté desja experimenté, qu'elle aura grand nombre d'enfans, si elle a en l'article du milieu trois lignes claires, descendant, selon la longueur du doigt : desquelles la premiere est courte, et d'un bout plus émoussée ou sans pointe : et par lesquelles de travers et du large ont une autre plus claire incision, et deux plus obscures et moins apparentes, qui ne touchent point cette premiere ligne courte.

CHAPITRE X

Du mont du doigt moyen, qui est de Saturne, et de ce doigt et des hommes Saturniens.

Nous avons dit cy-devant, que le moyen doigt de la main, est donné à Saturne en cet art : et pour cette cause il est ainsi nommé de luy. Parquoy l'enflure qui est sous luy, est nommée le mont de Saturne. Que s'il est plein et evident, doux et sans rides, ny incisions, il demonstre la simplicité de l'homme, et qu'il sera laborieux, soigneux, et sans tromperie. Et si une ligne vient de la ligne Mensale, et trenche cette montagne de Saturne, elle denote l'homme merveilleusement soucieux, et qui est journellement en inquietude, et se consomme le corps : or combien qu'il fasse ces choses, neantmoins jamais, ou peu souvent il s'enrichist. S'il y a en ce lieu là plusieurs incisions de telle sorte, cela si-

gnifie vivre en grande pauvreté et chagrin,
la vie fort laborieuse. Quand quelque ligne
se courbe depuis la racine du doigt Annulaire, tendant au mont de Saturne, je dis
que c'est signe d'un homme qui est paresseux, endormy, coüard : davantage, il est
sot et niais, fol, indiscret, et leger, faisant
les choses sans aucun jugement, et à la

vollée, d'entendement lourd, ayant la memoire et le sens sot. On dit que la femme
qui a plusieurs lignes entre les doigts du
Soleil et de Saturne, descendans en long :
et si elle en a aussi pareillement entre les
autres doigts du Soleil et de Mercure, elle
est propre à la generation, et aura facilement
des enfans masles, mais je n'en ose rien as-
seurer, mais je veux qu'on sçache, que je
7.

ne peux jamais trouver aucune chose certaine de la ligne des enfans par l'art de la
Chiromance, et si je l'ay voulu experimen-
ter, mais en cet endroit ladite science a tant
deceu les inquisiteurs, et moy aussi, que
j'ay eu mon recours aux autres choses. J'ay
soigneusement experimenté cecy, que si
quelques lignes ou incisions sortent des
principales lignes de la main, et vont droit
au mont de Saturne, l'homme sera de mauvaise sorte, et meschante vie. On dit, que
si on voit une petite estoille, ou une croix
en la main de la femme, en la premiere
joincture de ce doigt, c'est signe qu'elle sera
sterile. Celuy qui a cette montagne trenchée de plusieurs fentes, en diverses sortes,
les monts des autres doigts n'estant incisez
ny fendus, cela denote qu'il sera totalement Saturnien. Auquel lieu i'espere declarer l'estat et la disposition de cette Planette, et par quelle disposition sont instruits
et doüez ceux qui sont nez sous son influence. Ils sont fort pasles, et n'ont point
belle face, et en regardant contre terre, ils
cheminent tardivement et bellement. Ils
sont maigres et souvent courbez sur le dos.
La plus grand'part sont de mauvaises
mœurs. Car Saturne les fait malicieux,
cauteleux, fins, et pleins de tromperie. Ils
ayment à estre seuls, et vivent pour eux-
mesmes, et n'aydent aux autres, ny ne sont
attentifs à leurs amis, ils mangent peu, mais
ils boivent vaillamment; toutesfois ils mangent souvent, et sont gourmands. Ils n'ont

aucun repos en leur esprit, et jamais ne sont sans soucy, travail ou fascheries; ils ont le cœur dur, et de fâcheuses pensées, tousiours imprimans en leur entendement toutes choses tristes, et qui donnent crainte et peur: et si jamais ils n'ont leur esprit en liberté. Davantage, ils sont perseverans en leurs propos et deliberations, plus que nuls autres. A cette cause, ils haïssent mortellement et perpetuellement ceux ausquels ils veulent mal, et ayment fort ceux qu'ils veulent aymer. Ils ne pensent à autre chose qu'à bastir, planter des arbres, labourer les champs, et commencer quelque chose qui puisse durer long-temps. Or combien qu'ils soient tels, ils ayment si perseveramment leur liberté, qu'ils la défendent opiniastrement. Ils n'endurent point de leurs seigneurs, et disent que servir est le plus grief des maux. Ils ayment la couleur noire, à cette cause ils s'en habillent; et veulent que toutes les choses qui sont autour d'eux soient teintes en noir, ils soupçonnent aisément, et craignent facilement: Ils ont aussi soin et égard aux songes, et pensent toutes choses hautes, estre de petite importance. C'est assez d'avoir parlé des Saturniens jusques ici. Et outre le signe imprimé en la seconde joincture, si c'est à une femme, c'est bon signe; et si c'est à un homme, cela denote le contraire.

CHAPITRE XI

De la montagne du doigt Annulaire, et de la
signification des Solaires.

L A montagne Annulaire est celle qui paroist entre le doigt et la ligne Mensale
par aucun intervalle et distance, et est
vulgairement appellée Solaire par les sçavans. Si quelques petites lignes sont estenduës depuis sa racine, jusques à la Mensale,
elles sont choses semblables à celles que
fait Mercure, selon le dire des Astrologues : c'est à sçavoir, que l'homme a bon
entendement, et est addonné à diverses
sciences, presomptueux, et éloquent avec
gravité : et avec ce, capable de dignitez tant
prophanes que spirituelles. Elles sont aucunes fois distantes également deux à deux
en forme de parallelles. Regarde la, afin
que tu ne sois deceu, elle ne differe quasi
en rien des premieres, sinon qu'elle oste la
parole et le style de haut appareil, et donne
sobrieté, et honnesteté. Il avient autrement, quand d'autres lignes sont menées
d'ailleurs en elles, ou se trenchent autrement, alors on juge au contraire, et si d'a-
venture elles ne touchent ny ne trenchent
cette-cy, c'est bonne chose, et signe que
l'homme vaincra tous ses ennemis et ad-
versaires. Et si elles ne touchent le doigt,
ny ne sont également mises de la Mensale,

mais s'éloignent à ce doigt qui est auprès,
selon l'alteration des lignes, c'est signe de
la mutation de l'estat et de la vie. Davantage, si plusieurs lignes rouges et déliées
traversent ledit mont, l'homme sera prudent et joyeux. Mais si elles sont tortuës
et rouges, elles dénotent les douleurs par
lesquelles quelqu'un est de fait desja tourmenté : et les pasles monstrent que telles
douleurs sont desja passées. Quand elles
s'entre-trenchent en forme de croix, qu'on
appelle de Saint André, et s'estendent et
sont tirées de la Mensale par le mont du
Soleil à la premiere joincture, elles denotent l'homme prudent, et conduisant sage-
ment ses affaires. Les Solaires, et les su-
jets du Soleil ont de beaux doigts : et cela
est signe tres-certain, quand le doigt a
plusieurs diverses lignes. Il y a aussi
un autre signe, c'est à sçavoir que deux
lignes tortuës, égales et parallelles, sont
estenduës de la Restrainte. Et quand tu
verras cela en la main, c'est signe de bonheur ; et mesmement d'acquisition de dignitez, et de choses qui appartiennent aux
hommes vertueux : comme science , prudence, et liberalité.

Si ensemblement courent aucunes petites lignes sus la premiere joincture, si
c'est en la main d'une femme, cela denote
semblable chose, et aussi avec ce, qu'elle
sera enrichie par ses maris, et sera hono-
rée. Davantage , elle sera fort devote,
neantmoins elle ne sera pas Religieuse, ou

moinesse. Que si ces lignes sont en la se‑
conde joincture, elle sera tousiours en
honneur, mais ce sera entre ceux qui sont
de sa qualité. Certainement, tant aux
hommes qu'aux femmes, ces choses deno‑
tent richesses : mais c'est mauvais signe, si
elles vont jusques au doigt Solaire.

CHAPITRE XII

*Du mont du doigt de Mercure, et de la nature
dudit Mercure.*

L E mont Auriculaire, ou pour mieux
dire, de Mercure, est entre le petit doigt,
et la ligne Mensale. C'est bon signe s'il
est bien uny et plat, non point entremeslé
de nerfs, ny aussi couvert de lignes ou
plus coloré. Quand il est bien purgé de
verruës, d'ordures, et de nerfs, convenable‑
ment coloré, cela denote l'homme estre de
constant entendement, et courage : et en
une vierge il signifie pureté et innocence.
Si une premiere ligne sort de la Mensale,
et qu'elle soit colorée, et tende diametrale‑
ment à la racine du mont, c'est signe de
liberalité. Les Chiromanciens disent qu'il
faut icy adviser la longueur, breveté, te‑
nuité, ou petitesse, et la couleur aussi. Les
lignes pasles signifient les nopces devant
dites : mais desja consommées et parfaites.
Celles qui sont tres‑longues, et de tres‑
bonne couleur, signifient les mariages à

advenir. Il advient souvent, qu'aucunes
d'icelles sont plus grosses, et plus rouges
aussi : ce qui denote un diseur de mente-
ries, mettant ce qui est dessus dessous,
larron, ravisseur, et entaché de toutes sortes de pechez. Cecy suffira quant aux li-

gnes droites et paralleles. Or si aucune est
courbée, ou circulaire, descendant de ce
mesme doigt, et penchant au milieu, elle
denote tres-noble bonté naturelle : dont on
peut grandement esperer d'estre propice et
convenable à toute fortune.

CHAPITRE XIII

Du base et fondement du Triangle, et de ceux
lesquels la Lune gouverne.

AVANT toutes choses, faut expliquer et
dire ce que c'est que les Chiromanciens appellent base Triangulaire.
C'est ce que communement on dit la ligne du
foye, et de l'estomach, laquelle est estenduë
de la ligne de vie, attouchant la moyenne

ligne naturelle. Lesquelles jointes ensemble,
font un Triangle, pourveu qu'aucune chose
ne soit contraire à la nativité : Et combien
que je scache que cette ligne ou base n'est
point d'aucuns remembrée, pource qu'elle

n'est pas tousjours semblable à soy-mesme
si n'en voy-je point cause pourquoy je la
doive laisser, puis qu'il a esté trouvé evi-
demment, qu'elle ne peut pas moins que
toutes les autres, mesmement si elle par-
fait l'anglet selon raison, avec la Moyenne
naturelle, et la ligne de Vie : Car elle denote santé et sauveté, non-seulement du
corps, mais aussi de l'entendement. Et si
elles se touchent, ou qu'elle soit obscure,
ou qu'elle ait autour d'elle quelque poin-
ture, elle ne prognostique rien autrement
de l'estomach, et du foye, c'est à dire indi-
gestion, morphée, colique, spasme, flegme, restriction, ou dureté du ventre, douleur de l'estomach, et des costes, principalement si elle est pasle. Et si elle est bien
couverte de la peau, et qu'elle soit rouge,
et que cette rougeur tende plus vers la ligne de vie, que vers la ligne Naturelle,
c'est signe de douleur de la teste. Et au
contraire, si cette rougeur se tourne vers
la ligne naturelle, cela denote difficulté
d'haleine, toux ethique, puanteur et vi-
lainie de la bouche.

CHAPITRE XIV

Du lieu de Mars, et de la nature des Martialistes.

AVANT que parler de Mars, il est besoin de sçavoir pourquoy on l'a voulu mettre en la Palme de la main, en celuy Triangle qui est prés de la ligne naturelle : mais nous le dirons ailleurs. Il nous convient

maintenant de parler des lignes. Si dedans le Triangle, il y a un autre Triangle formé, il faut iuger et prognostiquer selon toutes les proprietez des Martiaux : et de tant plus qu'il est grand, d'autant plus faut-il accroistre le nombre des meschancetés :

principalement s'il est large, et bien posé,
et que la Physionomie y accorde, laquelle
ne faut mettre en arriere, principalement
en cet affaire, combien que nous l'avons
mis icy pour cela, afin qu'elle donne se-
cours à la Chiromance : car autrement ne
peut estre fait, que quelqu'un regarde si
soigneusement toutes choses. Celuy qui se
réjouït du surnom de Mars, est de rouge
couleur en la face : comme s'il estoit brûlé
du Soleil ; il a peu de cheveleure, et crespe,
petits yeux, le corps un peu courbé, le regard ardent et selon. Il a le courage audacieux, avaricieux, trompeur, larron du
bien public, ravisseur, infidele, grand ja-
seur, et buveur, eshonté, inconstant, va-
riable, se courrouçant incontinent, noiseux, soupçonneux, impatient, homicide,
grand vanteur, mocqueur, parjure, et fal-
sificateur de toutes choses lesquelles peuvent estre faussées et sophistiquées, ou
adulterées.

DES TALISMANS

DE L'ANTIQUITÉ DES TALISMANS, LEUR ORIGINE ET USAGES D'ICEUX.

O N a donné le nom de Talisman à toutes médailles ou morceaux taillés,
de peau et parchemin, sur lesquels
sont imagés de caractères Hébraïques, ayant
soi-disant vertus merveilleuses, ou encore
ce sont des représentations de planètes ou
signes zodiacaux, lesquels sont classés en
la science dite d'astrologie.

Il incombait aux talismans d'avoir telle
vertu secrète suivant qu'une constellation
lui imprimait : soit qualité pour guérir
maladies, détourner les orages, chasser
choses nuisibles, donner aux hommes honneurs et richesses, rendre heureux leurs
voyages et entreprises, ainsi que produire
prodigieux effets sous influences et vertus
celestes.

Les partisans de cette croyance mystérieuse qui se sont ébattus à son endroit et
ont consacré leur labeur et veilles à découvrir l'origine du mot *talisman* le tiennent
comme antique et oriental, et aussi le disent
Chaldéen, Hébraïque, Arabe, etc. ; tandis
qu'aucuns plus doctes à découvrir choses
énigmatiques et à les accointer aux langues

auxquelles se pouvaient rencontrer similitude, le tiraient du mot grec Τελεσμα, perfection.

Mais avec cette facultative attribution d'étymologie, certain auteur d'esprit critique et narquois s'enquerre pourquoi on ne le ferait pas venir de *Talis mens,* comme d'autres ont tiré Thomas de *totus meus* et bien d'autres reveries qui paraîtront plus subtiles que judicieuses ou plus philologiques que plausibles.

Quelle que soit l'origine de ce susdit mot, il est reconnu que ces images mystérieuses ou magiques, ainsi quelles sont appelées par *Lucanus,* le neveu de *Sénèque* le philosophe, nous viennent par antique transmission des peuples d'Égypte, lesquels voués à l'idolâtrie ont de haute antiquité tiré induction mystérieuse des figures des planètes ainsi que de celle des bêtes et autres corps, auxquels ils supposaient attributions surnaturelles. C'est donc après que les Hébreux furent revenus d'Égypte, où ils étaient allés, alors que Joseph en était gouverneur pour le roi Pharaon, qu'ils introduisirent ces mystérieuses pratiques dans leur pays.

C'est aussi aux Chaldéens que sont en partie attribuées ces inventions, parce que, les premiers, ils ont observé les cours des astres, leur diversité figurative et leur conjonctivité afin de pouvoir prognostiquer les saisons et la tranquillité où véhémence de l'air et leurs diverses transmutations,

8.

ils remarquèrent donc les places des étoiles, et pour pouvoir dans cette immensité fixer les mouvements et dispositions de ces planètes, ils leur donnèrent un nom ainsi qu'aux signes zodiacaux, tels que *belier, taureau, écrevisse, scorpion*, etc., ils calculèrent les espaces de temps que mettaient le soleil et la lune à opérer leur mouvement de passage, et c'est pour ces causes que les Chaldéens sont regardés comme les promoteurs de l'astronomie, autrement dite astrologie.

Les talismans furent retrouvés plus tard chez les divers peuples de la Grèce, mais ils sont enrichis de leurs fables et regardés alors comme d'autant plus pourvus d'artifices cabalistiques, qu'ils étaient sous l'invocation de leurs images mythologiques ou figures d'idolâtrie.

Dans la suite ces pratiques tombées dans l'oubli revirent la lumière sous l'influence des *Paracelse, Trithème, Agrippa, Cardan, Porta* et autres auteurs, dont les noms sont rangés parmi ces philosophes détournés de la droite ligne de juste raison, lesquels furent vivement combattus par de doctes autorités possédant vérité et sapience.

Rappelons donc ici à ce propos de talismans, qu'il arrive dans les choses naturelles des effets surprenans pour la vue, comme figures formées dans les nues, empreintes sur les pierres ou coquilles et donnant ressemblance avec des choses de

forme naturelle, y ajoutant aussi les curieux effets de l'aimant, etc., il est presque
possible d'admettre que les imaginations
de ces philosophes ont pu parfois errer à
l'aventure ou chercher à expliquer ce qu'ils
ne percevaient pas suffisamment afin de
passer pour plus doctes et savants, tandis
qu'ils admettaient sans doute, lorsqu'ils
n'agissaient point sous l'influence de l'or-
gueil, que l'homme ne peut dépasser les
naturelles limites, c'est à savoir que s'il
peut faire des images soit par le tracé ou
le relief, que lesdites images ne peuvent
ni percevoir par leurs yeux ni se mouvoir
par leurs jambes, et que la chose imitée de
nature est pour l'homme son *nec plus
ultra*.

Les talismans hiéroglyphiques des Égyp-
tiens, lesquels ont été les promoteurs de
cette pratique, représentaient les images
d'*Isis,* de *Serapis* et d'*Osyris*, lesquelles
étaient symboliques du soleil, de la lune
et de la nature, ceux des Hébreux étaient
figurés par des caractères appartenant à leur
écriture, mais il leur était interdit de tracer
d'autres figures. Les rabbins, qui faisaient
profession de philosophie occulte, affec-
taient dans leur théologie et mystères de
leur religion d'employer des mots sacrés
pour faire parler les oracles et agissaient
ainsi en leurs pratiques d'enchantements,
sorts et divinations.

On voit donc fréquemment dans leurs
carrés et triangles, figurer les noms de

Jehova, Adonaï, Sabaoth, etc., auxquels
ils attribuaient la puissance de les préserver et délivrer des maux les plus grands
et qu'ils redoutaient fort, tels que la peste,
le feu, l'eau, les maladies et autres perni-
cieuses engeances accidentelles.

Leurs talismans qui ont été conservés
étaient tracés sur des morceaux de parchemin, des lames d'or, d'argent, de
cuivre ou de plomb, et de même que des
statues antiques ont été conservées et sont
fort recherchées malgré qu'elles soient
images profanes ou mythologiques, parce
qu'elles sont le travail d'ouvriers habiles
et industrieux, et pouvant être nommés
artistes, leurs talismans ont parfois ce mé-
rite unique, d'être objets curieux à cause de
leur antiquité ou travail et chose d'art.

Ce serait matière trop étendue, que de
vouloir rapporter en ce bref chapitre les
nombreuses élucubrations et dissertations,
tant scientifiques que littéraires, qui ont
été émises sur les talismans; nous rappor-
terons seulement ici la pourtraiture de
quelques-unes de ces images et le dire
d'un savant de l'antiquité : ce sont, dit-il,
trois choses majeures qui ont propagé ou
répandu la magie dite naturelle, à savoir :
l'*astrologie*, la *médecine* et les *religions*.

Comme tout ce que émerveille l'imagination de l'homme tend à lui inspirer une
grande curiosité, il cherche sans cesse à
pénétrer l'avenir, et souvent il le fait au
moyen de l'astrologie judiciaire, tandis

qu'il vise à se démunir des maux ou maladies au moyen de la médecine, et demande aussi à la superstition ce qu'il dé-
sespère d'obtenir par des moyens naturels.

Les talismans principaux sont souvent
représentés par des images astrologiques,
c'est-à-dire par des figures de planètes ou
constellations, lesquelles ont pour fin de
préserver des naufrages, maladies, tem-
pêtes, mort violente, tantôt y sont mélan-
gés avec des noms profanes, les noms de
Dieu, de notre divin sauveur et des bons
anges; on le perçoit donc, le sacré n'est
point exclu de ce profane, ce qui est à dire,
que même dans l'erreur, ce qui est supérieur
à l'humanité conserve partout sa suprême
position.

Quant aux talismans des Juifs, ils représentaient un *Pentacule* où étaient trans-
crits d'un côté les noms des anges, et de
l'autre les noms de Dieu, parfois les premières lettres des versets des psaumes.

Plus tard on ne connaît plus guère
d'autre talisman que celui de *Paracelse*,
qui est une petite médaille sur laquelle est
gravée la figure du serpent d'airain de Moïse,
lequel talisman *Paracelse* recommande
fortement à ses disciples et leur donne
comme un préservatif puissant contre la
peste, ou bien encore il leur indique :
l'*éclaire* ou la *chelidoine* qui, recueillies
pendant la pleine ou la nouvelle lune, doivent être pendues au cou afin de préserver
également de la peste.

Paracelse est donc le plus connu parmi

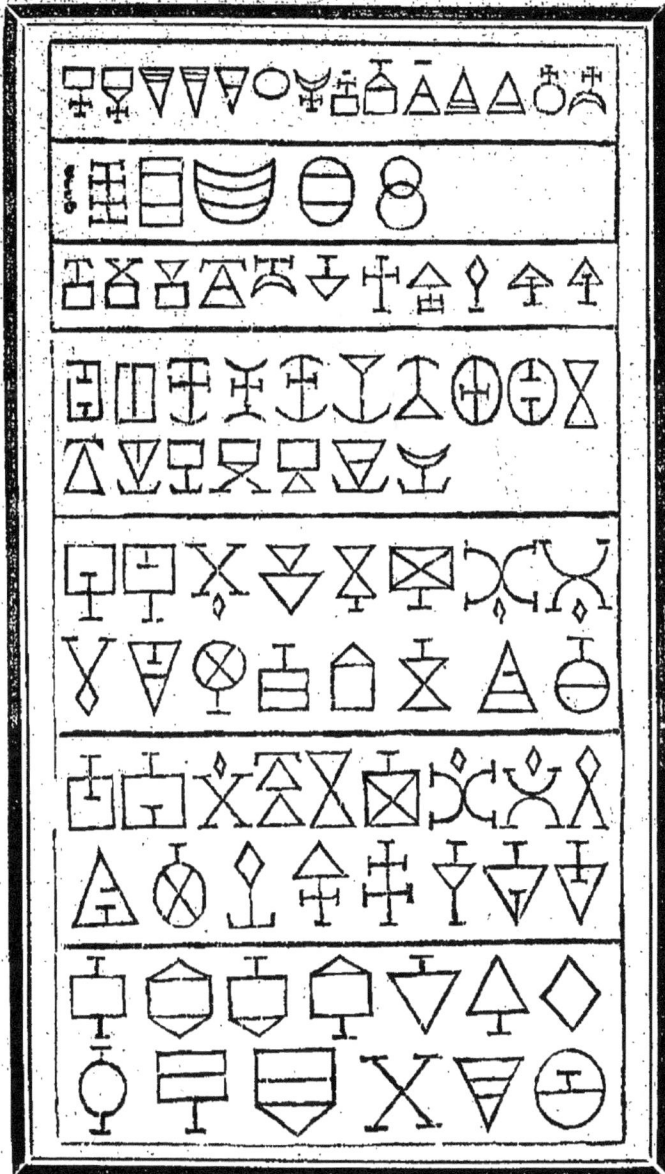

les propagateurs de talismans de son époque, et l'on doit croire aussi que c'était à seule fin de ne pas être accusé d'idolâtrie, qu'il mélangea souvent le sacré au profane.

Aux figures talismaniques viennent encore s'ajouter les bracelets, les colliers et les bagues, qui étaient également regardés comme préservatifs de maladies ou accidents, lesquelles attributions nous sont échues également des peuples de l'Égypte, ils avaient encore dans les chatons de leurs bagues des pierres portant signes talismaniques et cabalistiques se rapportant à l'astrologie comme à leur magie, ainsi que des pierres ornant leurs colliers, médailles jointes à leurs bracelets, etc.

Nous avons assez parlé longuement des talismans pour maintenant passer outre.

Nous donnons ci-contre le tableau des caractères talismaniques des anciens.

SECRETS CURIEUX
TOUCHANT LES EFFETS
DE LA NATURE.

Pourquoy pleure-t-on aussi bien pour trop grande joie que pour trop grande douleur ?

POURTANT qu'à ceux qui souffrent douleur l'humeur qui est dedans les yeux est epreint et tiré par l'epesseur des meates et pores d'iceux, car douleur adstreint et refroidit. Au contraire à ceux qui sont joyeux l'humeur est distillé des yeux par l'ouverture et lascheté des pores. Toutefois ceux qui hont les pores des yeux serrés et restraints, pour joie ou pour douleur ne jettent aucunes larmes.

Pourquoy ceux qui souffrent douleur deviennent pâles es extrémités du corps ?

POURCE que nature lors avec le sang se retire de dehors aux parties intérieures, ainsi que dessus a été dit : car il n'y a que le sang qui puisse réchauffer les extrémités, les lascher et ouvrir.

*Pourquoy est-on incité à baailler, quand
l'on en voit baailler un autre?*

Pource qu'il y a un consentement grand
et sympathie entre les natures des animans, et principalement des bestes
brutes. Par quoy quand en un troupeau de
bestes d'asnes spécialement, l'une commence à pisser, les autres ayant la vessie
pleine y sont pareillement excitées.

*Pourquoy une pièce de monnoye ou une
pomme au fond de l'eau se montrent-
ils plus grands qu'ils ne sont?*

Pourtant que l'eau touchant à la chose
submergée reçoit une mesme qualité,
et pource elle prent semblable couleur,
dont la veue est deceue : comme si le corps
plongé estoit plus grand, quand il est ainsi
environné d'eau tout à l'entour. Pour ceste
mesme raison le soleil, la lune et autres
planettes, quand se levent ou couchent,
semblent havoir un corps beaucoup plus
grand : car lors le ciel reçoit incontinent
mesme qualité et approche de leur sem-
blance.

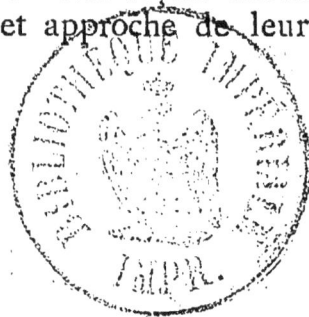

9

Pourquoy quand quelque bois est frappé
loin de nous, voyons plus tost le coup,
que oyons le son, combien que tous
deux soyent faits en mesme instant?

POURTANT que nostre veue est beaucoup
plus ague et subtile que louye. La
veue donc entant que plus ague peut
anticiper, l'ouie ainsi que plus grosse, aussi
plus tard oyt le son du coup. A semblable
raison le coup de la collision en la nue,
que l'on appelle tonnerre, ensemble
c'est ardeur, que l'on appelle fouldre, ainsi
es instruments à jetter feu, nous ne pouvons percevoir l'un et l'autre en mesme
temps : mais premier voyons la fouldre,
puis oyons le tonnerre, combien qu'il suive
premier le coup et plus presque la fouldre,
ou à tout le moins tous deux ensemble.
Doncques en ce la veue plus agile et subtile
precede, louye plus grosse et tardive suit
quelque temps après.

Pourquoi aucuns après avoir entré aux
beins en sortent hors sans soef aucune,
les autres au contraire?

CEUX qui sont de sec tempérament,
humectés par le bein, sont deliurés
de leur soef, principalement s'ils ne
sont corrompus par siccité. Mais es plus humides et qui ne sont subiets à endurer soef,

l'humidité est consumée dedans le bein par sueur, dont provient la soif. Laquelle coustumierement est causée de grande siccité.

Pourquoy ceux qui ayans les extremités refroidies, endurent douleur vehemente quand ils les approchent du feu ?

LA cause de ce doit estre referée à la trop soudaine mutation des qualités : car en cest endroit il se fait mutation subite de grand froid en grand chaut. Tout changement grand et soudain avec intempérance et mauvaise disposition offense nature, ainsi que tout ce qui est modestement mué, par bonne disposition, soudainement et selon le naturel, rejouyst beaucoup nature. Certes le corps humain entre tous les animaux est le plus tempéré.

Toute mutation soudaine et de contraire en autre est dangereuse, ainsi que monstre Aristo. au lieu allégué, et Gal. en plusieurs lieux dit qu'elle est cause de grands maux.

Pourquoy retenir son halene appaise le sanglot, provenant d'un morceau trop gros avalé ?

POURCE que l'estomac situé pres l'aspre artere est pressé d'icelle et estreint, en sorte qui puisse repousser hors le pain avallé : par ainsi est ostée c'este pesanteur qui causait le sanglot.

Pourquoy les pommes et autres sembla-
bles peuvent nuyre par leur frigidité
et humidité naturelle, et l'eau combien
qu'elle soit de telle nature, ne peut tou-
tefois si grandement offenser ?

POUR tant que l'eau est plus subtile que
la pomme, parquoy elle peut plus
tost estre digérée, pource elle ne nuyst
tant, attendu mesme qu'elle peut corrobo-
rer les parties aucunement.

Pourquoy plusieurs peuvent cuire les
viandes grosses et difficiles, comme
bœuf, et difficilement ceux qui sont
faciles et de bon suc, comme poissons
saxatiles?

AUCUNS tiennent que cela provient de la
coustume, les autres d'une disposition
naturelle, indicible, et dont on ne peut
rendre certaine raison. Les autres tiennent
que le ventricule fort chaut cuist trop tost
les viandes tant aisées à cuire, en sorte
qu'elles sont refroidies et corrompues. Mais
ce qui est difficile, et modestement immué,
est cuit ainsi qu'il appartient, sans recevoir jamais aucun vice. Ainsi que les
pailles reçoivent facilement alteration,
aussi par feu grand et véhément sont totalement converties en cendre : ce qui n'advient facilement au bois de chesne.

Pourquoy l'eau des puits est chaude en hyver, et froide en esté?

POUR ce que tout contraire est coustumier de fuir son contraire. Le froid donc contraire à chaleur et pernicieux fuyant l'aer tres chaut en esté, de necessité se retire au plus profond de la terre : dont advient que l'eau est refroidie. Au contraire en hyver pourtant que l'aer dedehors est froid, le chaut fuyant au dedans de la terre, illec eschauffe les eaux. Car il n'est permis que deux contraires demeurent ensemble en mesme temps et en mesme lieu.

Pourquoy voyent du feu devant leurs yeux ceux qui sont frappés à la face ?

POURTANT que l'esprit visuel subtilié par le coup, est sorty à l'aer, appert tel qu'il a esté fait par le coup. Ainsi en deux pierres ou pieces de fer frappées l'une contre l'autre, l'aer qui survient et se trouve entre deux, touché et subtilié par le coup est converti la meilleure partie en feu. Ce que pour certain advient pareillement en la nue.

Ainsi en deux pierres, etc.) *Par ce discours il appert que le feu que l'on voit sortir en frappant le caillou contre le fer, ne procede ne de l'un ne de l'autre,*

9.

mais de l'aer, lequel estant entre ces deux
corps (ainsi qu'il est en tous lieux) est
fait plus subtil par le coup, et converty
en feu. Toutefois Virgile dit que les
Troyens serchaient le feu caché es veines
de la pierre, et telle est la commune opi-
nion.

Pourquoy est-il plus facile descendre
une échelle que monter ?

POURCE qu'en descendant la pesanteur
de nostre corps fait que plus promptement on soit porté en bas; mais
quand l'on monte la force soustenant et le-
vant le corps en haut travaille, tout ainsi
qu'une pierre plus facilement est portée en
bas qu'en haut. Car toute chose pesante est
fort apte à descendre et aualler en bas.

Pourquoy l'huile fait mourir les mouches
à miel, autres mouches, formis et au-
tres tels animans?

POURTANT qu'ils hont les conduits de la
respiration fort estroits, lesquels l'huile lent et visqueux estouppe, en sorte
que toute la voye de l'esprit est close et
empeschée : donc ensuit nécessairement la
mort. Autant en advient aux serpens par
choses de mauvais odeur, car les suffumiga-
tions grosses et fumées leur estoupent les
conduits estroits de respiration.

Pourquoy pouvons en soufflant refroidir les choses chaudes, et eschauffer les froides ?

POURTANT que nostre respiration est chaude, et le vent qui sort de nostre bouche estaint la qualité qui luy est contraire. Nous refrigerons aussi les choses chaudes, pour tant que ostons et dissipons aussi leur qualité chaude.

Pourquoy les honteux coustumierement bessent les yeux?

POURTANT que nature a fait les yeux comme miroers de l'ame. Car nous cognoissons par les yeux les affections de l'esprit, sçavoir quand il est molesté et courroucé, ou quand il est en quelque crainte. Et quand lon cesse de regarder librement quelque honorable personne, ou de parler asseurément, l'esprit contraint par les muscles les paupieres de se retirer en bas : comme s'il voulait cacher la partie, dont la puissance de veoir nous est donnée.

Pourquoy le siege de l'ouïe peut sans offense souffrir toute humeur, hormis l'eau?

POURTANT que l'eau par sa froideur blesse incontinent le nerf auditif. Or toute frigidité est trescontraire aux nerfs et ennemie.

SECRETS ÉPROUVÉS

TIRÉS D'ANCIENS ÉCRIVAINS

Contre l'ivresse du vin.

Comme l'homme n'a rien de plus estimable que sa raison, et qu'il arrive souvent de la perdre par l'excès du vin, il est convenable de lui donner quelque préservatif pour s'en garantir. Quand vous serez convié à quelque repas, où vous craindrez de succomber à la douce violence de Bacchus, vous boirez avant que de vous mettre à table deux cuillerées d'eau de bétoine et une cuillerée de bonne huile d'olive, et vous pourrez boire du vin en toute sûreté. Vous prendrez garde que le verre ou la tasse dans quoi on vous servira à boire ne sente point la sariette ou la rapure d'ongles, car ces deux ingrédients contribuent beaucoup à l'ivresse. Si l'on s'est laissé surprendre par le vin, il faut, pour l'homme, qu'il enveloppe ses mains et ses pieds dans un linge qui soit imbibé de fort vinaigre, et que la femme qui a succombé à l'ivresse, mette un semblable linge sur ses seins : l'un et l'autre reviendront en leur bon sens.

Pour rétablir le vin gâté.

J'AI éprouvé plus de cent fois que le vin tourné se rétablit en la manière suivante : si c'est vers la saison des vendanges, et que le raisin commence à mûrir, vous en prendrez environ cent grosses grappes des plus mûres, vous ferez bien nettoyer un tonneau, dans lequel vous mettrez deux brassées de copeaux ou d'éclats de bons bois ; vous arroserez ces éclats du jus de grappes de raisin, que vous passerez avec la main, et jetterez ensuite toutes les grappes sur les éclats, et ayant bien renfermé le tonneau et mis en place, vous tirerez à clair le vin tourné et le versesez sur ce rapé ; il n'y aura pas resté trois jours, qu'il sera beau et bon à boire.

Autre au même sujet.

Vous ferez une décoction de fines herbes; savoir, une poignée de chacune des suivantes, marjolaine, thym, laurier, myrthe, baie de genièvre, deux pelures de citron et et autant d'orange ; vous feriez bien bouillir cela dans vingt pintes d'eau, jusqu'à la réduction de quinze pintes ou environ, à proportion de la grandeur du tonneau que vous aurez fait nettoyer, pour recevoir votre vin tourné ; vous laverez bien ledit tonneau avec la décoction toute bouil-

lante, et l'en laisserez imbiber ; puis vous
y mettrez deux brassées de copeaux ou
éclats, que vous arroserez aussi de cette
décoction : vous tirerez le vin tourné à
à clair, le laisserez reposer huit jours sur
ce rapé de copeaux, et il deviendra meilleur qu'il n'était avant qu'il tournât.

Autre au même sujet.

J'AI appris d'un maître d'hôtel d'un
prince allemand cette autre manière de
raccommoder le vin troublé et gâté : il
faut faire sécher au four cinquante grappes
de bon raisin et un demi-boisseau de coquilles d'amandes douces, en sorte que ces
coquilles soient un peu rissolées; pendant
qu'elles s'accommodent au four il faut bien
battre et fouetter ensemble douze blancs
d'œufs jusqu'à les réduire presqu'en écume,
et les verser dans le tonneau où est le vin
gâté, et le rouler pendant un petit espace
de temps, puis vous jetez dedans les coquilles d'amandes et les raisins tout chauds,
et le laissez reposer huit jours, et vous aurez de beau et de bon vin. Quand le vin
est devenu aigre on le rétablit avec du blé,
que l'on fait cuire jusqu'à ce qu'il crève; la
mesure ou quantité est la centième partie
que contient le tonneau.

Ponr faire promptement d'excellent vinaigre.

IL faut de bon vin fort, dans lequel vous mettrez du poivre long et du levain de pain de seigle qui soit bien aigre : il n'aura pas été exposé six heures au grand soleil ou proche le feu, qu'il sera de bon usage. On peut faire du vinaigre sans vin en cette manière : ayez la charge d'un cheval de poires sauvages, pilez-les bien, et les laissez fermenter durant trois jours dans un tonneau ; puis, durant trente jours, vous les arroserez de deux pots d'eau par jour, dans laquelle eau vous aurez fait bouillir du gingembre et du poivre long ; au bout de trente jours vous presserez les poires pilées, et vous aurez de bon vinaigre.

Pour faire en peu de temps de l'hypocras qui soit excellent.

POUR quatre pintes de vin vous préparerez les drogues qui suivent : une livre de bon sucre fin, deux onces de bonne canelle concassée grossièrement, une once de graine de paradis, autant de cardamomum, et deux grains d'ambre gris du plus exquis, broyée au mortier avec du sucre candi ; vous ferez de toutes ces drogues un sirop clair, que vous purifierez en le passant deux ou trois fois à l'étamine, et vous

mélangerez ledit sirop avec quatre pintes
d'excellent vin, et vous en aurez le meilleur hypocras que l'on puisse boire.

Pour avoir des melons doux, sucrés et de bonne odeur.

Vous aurez la semence de melon de
bonne espèce, vous la mettrez infuser
durant deux jours dans un sirop qui
sera composé de framboises, de canelle, de
cardamomum, de deux grains de musc et
autant d'ambre gris; il faut que le sirop ne
soit pas épais et tiède quand vous y mettrez la semence en infusion; il faut que la
terre où vous sèmerez soit bien préparée,
sur une couche de bon fumier de cheval,
et avoir grand soin de ne les point trop
arroser et de les garantir des pluies trop
abondantes. Si vous êtes exact à toutes ces
choses, vous aurez des melons dignes de la
bouche d'un roi.

Pour avoir de beaux raisins murs au printemps

Il faut avoir un cerisier qui soit planté en
espalier, dans une bonne exposition au
soleil et en bon terroir, et qu'un habile
jardinier ente dextrement deux ou trois
ceps de bonne vigne sur ledit cerisier;
qu'on ait grand soin de le garantir des in-
tempéries de la fin de l'hiver et du printemps; qu'on ne lui épargne ni le bon fu-

mier, ni l'eau quand il sera nécessaire, et on verra quelque chose de bien merveilleux au temps que les cerises seront mûres.

Pour faire croître et multiplier le froment.

Vous prendrez une livre de sel végétal, qui est composé artistement de fleur de soufre, de salpêtre et de nitre ; les bons droguistes ont ce sel : vous le ferez bouillir dans six pintes d'eau, avec deux livres de bon froment nouveau, jusqu'à ce que le froment commence à se crever, puis vous passerez cette composition dans un linge fort clair, et vous ferez rendre au froment cuit toute l'humidité ; après vous ferez infuser dans cette liqueur autant que vous pourrez de bon froment durant vingt-quatre heures ; quand la terre sera bien préparée, vous y sèmerez ce froment infusé, et ayant fait sécher le marc de la composition, vous le pulvériserez et rejeterez sur cette terre, et vous verrez, par expérience, que le blé que vous aurez ainsi semé produira vingt fois autant que le blé commun : il est vrai qu'il ne faudrait pas faire cela deux fois de suite dans la même terre ; car il en consume tellement la graisse, qu'elle ne peut plus rapporter si elle n'est bien fumée.

10

Pour empêcher les semailles et moissons d'être gâtées par les bêtes.

Vous aurez dix grosses écrevisses, que vous mettrez dans un vaisseau rempli d'eau, et les exposerez au soleil durant dix jours, puis vous aspergerez avec cette eau les semailles l'espace de huit jours; et quand elle seront crues, vous les aspergerez huit autres jours de suite, et vous verrez qu'elles prospéreront à merveille, et qu'aucunes bêtes, soit rats, belettes ou autres, n'en pourront approcher.

Pour savoir si les semences seront abondantes l'année prochaine.

Zoroastre donne comme un secret infaillible, pour connaître l'abondance de la moisson pour l'année suivante, de faire ce qui suit. Il faut, environ le quinzième du mois de juin, préparer un petit canton de terre, à la manière qu'on la prépare ordinairement pour être ensemencée : vous y semerez toutes sortes de semence, et à cause que, dans cette saison, la chaleur est brûlante et pourrait nuire à ce que la semence germe et sorte plus commodément, vous observerez après cela laquelle des semences sera la mieux venue, et aura la plus belle apparence dans le temps que la canicule commence à régner sur l'horison; car vous serez averti par cet indice que l'abon-

dance sera la semence qui sera la mieux
venue, et celles qui n'auront pas profité par
la préparation que vous aurez faite seront
stériles. Ainsi le judicieux laboureur pren-
dra sur cela ses mesures pour avoir une
abondante moisson.

Autre pour le même sujet.

Vous observerez au printemps dans
quel état sont les noyers : car s'ils pa-
raissent chargés de feuillages avec peu
de fleurs, soyez assuré que la nature sera
avare dans la distribution de ses richesses ;
si au contraire vous voyez grande abondance de fleurs sur les noyers, et que la
quantité surpasse celle des feuilles, tirez en
augure de fertilité : les anciens ont fait le
même pronostic de l'amandier.

Moyen de se fournir journellement de champignons sans qu'on ait un jardin.

Dans une cave, à trois ou quatre pieds
des murs, élevez à l'ordinaire une
couche de crottin de cheval et de
mulet, si vous pouvez en avoir, et de fiente
de pigeon, le tout bien mêlé ensemble. Ne
faites point cette couche ni plate, ni en dos
de bahut, mais disposez-la en talus, et la
couvrez d'un demi-pouce de terreau ; vous
la battrez ensuite avec le dos de la pelle ou
de la bêche. Cette couche vous donnera in-

failliblement des champignons, non pour
deux ou quatre mois, comme celles des jardi-
niers, ni même pour un an, mais pendant
des trois et quatre années consécutives; elle
a besoin de temps à autre d'être arrosée. On
hâte la production des champignons en arrosant la couche d'eau tiède et en y jetant des
épluchures du même fruit. Elle en portera
dès le troisième jour, si l'on y sème la
graine qui se trouve vers le pied du cham-
pignon.

Le crottin doit être de chevaux qui mangent beaucoup de grain. On peut en faire
chancir dans un grenier exposé au midi en
l'arrosant de temps à autre d'urine de
cheval ou d'eau tiède, et en imitant l'opération de la nature sur celui qui est renfermé dans les couches ordinaires. Bien
des particuliers pratiquent cette méthode
avec succès.

Secret immanquable pour faire périr les chenilles.

PRENEZ un peu de savon noir gras, bat-
tez-le dans un seau d'eau, et avec un
goupillon jetez-en sur les pelotes des
chenilles nouvellement formées et renfer-
mées dans leurs poches. Cette opération se
fait ou le soir après qu'elles sont retirées, ou
le matin avant le lever du soleil; une seule
goutte de cette eau mousseuse, tombant
sur la poche, la bourse ou la toile, qui ren-
ferme alors les insectes, les fait toutes cre-

ver et tomber en masses, sans qu'on soit obligé de brûler ni d'écraser les chenilles.

Remède pour préserver les choux et les autres plantes potagères des chenilles et autres insectes.

IL ne faut que semer du chanvre sur toutes les bordures du terrain où l'on a dessein de planter des choux. On sera étonné de voir que, quoique tout le voisinage soit infecté de chenilles, l'espace renfermé par le chanvre en sera parfaitement garanti, et aucune vermine de cette espèce n'en approchera. La cause vient ou de l'aversion que les chenilles ont pour cette plante, ou de ce que les oiseaux, qui en sont au contraire fort friands, en fondant sur le chanvre détruisent en même temps les chenilles, qui sont encore un de leurs mets.

Autre moyen efficace de détruire les chenilles.

REMPLISSEZ un réchaud de charbon bien allumé, présentez-le sous les branches infectées de chenilles, à une distance suffisante pour que les feuilles ne puisseut être incommodées de la flamme qui s'en élèvera au moment qu'on y jettera quelques pincées de soufre en poudre. La vapeur de ce minéral est mortelle pour les chenilles et

10.

pour la plupart des autres insectes; elle entre facilement dans les conduits de leur respiration, l'intercepte, les suffoque et les fait tomber sans vie. L'odeur en est si forte pour les chenilles, et elle se conserve si longtemps sur les branches des arbres sous lesquels on a répété cette opération, que par la suite on peut être sûr qu'il n'en viendra plus s'y attacher. Une livre de souffre, dont le prix est modique, sera suffisante pour écheniller les arbres d'un verger de plusieurs arpens, en quelque quantité que puissent être les chenilles dont il sera dévoré et dont on ne pourroit autrement se garantir, lorsque les hyvers ont été peu rigoureux et que les gelées n'auront pu faire périr les œufs de ces insectes.

Moyen de regarnir un étang de poissons.

PRENEZ vers la fin d'Avril la racine d'un saule qui soit placé sur le bord de l'eau, et remplie de fibres; secouez bien la terre d'autour, puis attachez-la à une pieu qui trempera dans une rivière ou étang bien garni de poissons; ils se rassembleront autour de la racine, s'y attacheront, et déposeront leur frai ou œufs, qui demeureront embarrassés dans les fibres. Quelques jours après, enlevez le pieu avec la racine du saule hors de la rivière ou Etang poissonneux, et transportez-la dans celui que vous avez envie d'empoissonner, en la plongeant environ du travers de la main sous la surface de l'eau. Quinze jours après ou environ vous y apercevrez un grand nombre de petits poissons. Prenez garde de ne point laisser la racine trop longtemps dans le premier Etang ou rivière, de crainte que la chaleur du soleil ne vienne animer trop vite le fray, qui se détacherait aussitôt de i racine.

Moyen de détruire les fourmis qui nuisent aux arbres fruitiers.

POUR attirer les fourmis au bas de l'arbre, présentez-leur un morceau de sucre, ou du miel étendu sur un morceau de papier, au bas de cet arbre : elles y accourreront toutes ; faites ensuite au tour un cercle avec de la craye, elles n'oseront jamais franchir cette barrière et vous les écraserez facilement.

Insectes nuisibles aux jardins.

PARMI ces insectes, il y en a qu'on appelle en Picardie *Courtillières* ou *Jardinierès*, et qui coupent sous terre les plus jeunes plans des choufleurs, artichaux, cardons-d'Espagne, celleri, laitues et autres. Cet insecte est d'une couleur jaunâtre et de la grosseur d'un hanneton, mais deux fois plus long. Il a deux ailes et deux pattes,

faites en scie; sa tête, et son corcelet sont
fort durs; la partie de derriere, qui est une
espéce de sac mollet, ne tient au devant
que par un filet. Ces signes doivent suffire
pour le faire reconnoître sous un autre
nom, dans les autres Provinces.

Remède pour les détruire. Mettez en
terre seulement à la profondeur d'un pouce
des cloches de verre et des terrines, affer-
missez la terre qui environne les bords.
Enchassez ces vaisseaux de façon qu'ils
soient parfaitement de niveau avec le terrain sans que rien déborde, et ensuite mettez trois ou quatre pouces d'eau. La nuit
venue, les Courtillieres, les rats, les mu-
lots, les crapeaux, etc., se débandent dans
les jardins, et en courant de tous côtés, se
précipitent dans les terrines, ou se noyent
sans pouvoir jamais remonter. Ce remède
a été enseigné par un cultivateur de Saint
Dizier en Champagne.

Moyen pour être délivré des mouches in-
commodes et importunes qui gâtent les
tableaux et les meubles.

Il faut prendre de l'huile de laurier, et en
frotter en plusieurs endroits les murs ou
la boiserie d'une chambre, les mouches
n'en peuvent souffrir l'odeur, ainsi elles
déserteront. On renouvelle de tems en
tems cette opération et l'on peut laisser ses
fenêtres ouvertes. On peut employer ce

remède dans les offices, dans les cuisines, dans les salles à manger et dans tous les plus incommodés. L'odeur de l'huile de laurier, quoiqu'un peu forte, est très-supportable, et c'est un petit mal à souffrir pour se préserver d'un plus grand.

Moyen efficace de garantir les chevaux contre les mouches et tout autre espece d'insectes.

CE moyen consiste à les frotter tous les matins avec des feuilles de noyer.

Moyen de faire venir beaucoup de poisson à l'endroit où l'on veut pécher.

PRENEZ un quarteron de fromage vieux de Hollande ou de Gruyere, n'importe lequel des deux, broyez le dans un mortier, avec de la lie d'huile d'huile d'olive, et mêlez y du vin peu-à-peu, jusqu'à ce que votre composition ait acquis la consistance d'une pâture un peu épaisse, vous y joindrez pour un sol d'eau de rose. Faites avec cette pâte de petites boulettes de la grosseur d'un pois tout au plus, que vous jetterez dans l'eau à l'endroit précisément où vous vous proposez de jeter l'épervier ou tout autre filet. Mais si c'est le soir que vous voulez pêcher, jettez votre amorce le matin ; et le soir, si c'est le lendemain matin que vous voulez prendre ce plaisir. Le poisson, qui est fort avide de cette amorce, accourt en foule pour la manger, et reste longtemps dans le même endroit, dans l'espoir d'en trouver encore : alors jettez l'épervier, et soyez sur que vous verrez un très-beau coup de filet.

Mastic pour rejoindre les vases de porcelaine cassés.

PRENEZ une tête d'ail bien pelée, et écrasez la soigneusement pour en faire une espèce de gomme. Frottez de cette gomme les fractures des morceaux de porcelaine; unissez les exactement; assurez les ensuite avec avec du fil proportionné à la force de la piéce. Lorsque le morceau est ainsi accommodé, mettez le dans une suffisante quantité de lait pour qu'il surnage, et faites le bouillir pendant quelque tems. Après cette opération la porcelaine est parfaitement recollée et d'aussi bon service qu'auparavant; sans que l'ail qui a servi communique son goût aux choses qu'on y voudra mettre.

Rats et souris. Secret pour les détruire.

ON remplit d'eau un grand vase de terre qui ait le ventre large et l'embouchure étroite : on y laisse environ 3 ou 4 doigts de vide au bord; on cou-

vre la surface de l'eau d'un morceau de liége
flottant ou d'une pellicule très-mince ; on y
met ou de la farine, ou du fromage ou
quelque autre amorce. Les rats attirés par
l'odeur, et trompés par la solidité apparente
de la surface qui leur présente un mets de
leur gout, y courent, enfoncent et se noyent.

Autre.

ON coupe plusieurs morceaux de parchemin que l'on roule et dont on fait,
en les cousant, ou en les collant de
petits capuchons taillés de maniére que la tête
du rat puisse y entrer sans peine. Au fond
de chaque capuchon on met des morceaux
de noix, du fromage ou d'autres amorces,
et tout l'intérieur est enduit de poix liquide
ou de bonne glu. On distribue ces capuchons autour des trous où l'on soupçonne
des rats. Bientôt ils vont tous s'enfroquer,
et cherchant d'abord à se sauver, pendant
qu'ils courent de côté et d'autre dans
cet équipage incommode, on peut les
assommer facilement avec un bâton, parce
que ne voyant goutte ils ne peuvent rega-
gner leurs trous.

SECRETS PRÉCIEUX

SUR DIVERSES MATIÈRES

EXTRAITS DES PLUS CÉLÈBRES

ÉCRIVAINS OU SAVANS PHILOSOPHES.

Secret pour réparer l'écriture effacée de vieillesse.

P RENEZ des noix de galle, que vous mettrez tremper dans de l'eau pure l'espace d'un jour ou deux : après vous vous servirez de cette eau pour repasser sur les lettres, et les laver par où elles ne paroissent plus, ayant mouillé un linge dans ladite eau, dont vous frotterez tout le papier, et aussitost qu'il sera sec, les lettres sembleront aussi nouvelles et aussi fraisches, comme si on venoit de les faire à l'heure mesme.

Autre secret pour faire des lettres dorées sans or.

P RENEZ or pigment une once, cristal fin une once : mettez les separement en poudre, puis vous les mélés bien avec du blanc d'œufs, et écrivez avec.

Autre pour faire des lettres argentées sans argent.

Prenez une once d'estain; vif argent ou mercure deux onces : fondez l'estain le premier et y versés le mercure, puis ostez le du feu, et remuez jusques à ce qu'il soit froid en poudre, laquelle faut laver plusieurs fois dans de l'eau chaude, tant que l'eau en sorte aussi claire comme quand vous l'avez mise : puis mélés bien ladite poudre avec de l'eau de gomme, laquelle vous aurez mis auparavant tremper, et écrivez de cette eau.

Pour faire une couleur d'or sans or.

Prenez du safran en poudre, de l'or pigment jaune et luisant, le fiel d'un lievre, *celuy d'un brochet est encore meilleur* : mélez les bien ensemble, et mettez dans une phiole que cacherez dans le fumier de cheval pendant quelques jours : ôtez la et vous en servez.

Pour conserver du fruit toute l'année.

Mettez le fruit dans un vaisseau d'étain, et le soudez bien afin que l'air et l'eau n'y puissent entrer : mettez le dans une fontaine tousjours trempant dans l'eau.

11

Pour convertir en esté l'eau en glace.

METTEZ de l'eau bouillante dans une cruche tout pleine, et la bouchez bien, puis, et qu'elle trempe dans l'eau quelques heures ; retirez la, et vous verrez qu'il faudra casser ladite cruche pour en avoir la glace.

Pour convertir l'eau en glace en un mo-
ment, avec d'autre glace ou neige.

PRENEZ un bassin, et y mettez de la neige ou glace, puis prenez une bouteille nue d'ozier et remplie d'eau, ou une fiole si grande qu'il vous plaira, et la mettez dans le bassin qu'il faut mettre sur la flamme du feu, et vous verrez par antyperistaze que le froid de la glace ou neige retirera dans la bouteille et en congelera l'eau.

Si vous mettés de la neige dans quelque vaisseau que ce soit, contenant une pinte, ajoutant du salpêtre à la neige, et que vous mettrés sur une table où il y aura de l'eau répandue, remuant bien la neige et le salpestre avec un baston, le pot se gelera et s'attachera d'abord sur la table.

Pour empêcher que le fer ne se rouille.

PRENEZ du plomb en limaille fort menue, et mettés dessus de l'huile d'olive assés pour le couvrir, et les laissés ainsi neuf ou dix jours durant ; nettoyez bien votre fer en grattant et en ratissant, puis le graissez avec ladite huile, et il ne s'enrouillera jamais.

Pour faire croistre les cheveux.

PRENEZ trois cuillerées de miel, et trois poignées de petits filets de vignes, par lesquels les seps de vignes s'attachent et se tiennent aux échalas. Pilés les bien, et en tirés le jus, que meslerez avec le miel : puis en lavés les endroits où vous voudrés avoir les cheveux longs et épais.

Eau pour oster les taches du visage.

AYEZ fleur de seheu, fenoüil et rhuë, autant d'un comme d'autre, faites en eau distillée, lavez-vous en, et vous verrez l'effet merveilleux.

Eau rare à faire les mains et la face très-belle.

PRENEZ feuilles de lis blanc et les distillez en vaisseau de verre ou de plomb à petit feu, puis prenez sandal blanc et le laverez tres-bien, mettez-le tremper en ladite eau, l'y laissez tant qu'il soit bien enflé ; après pour chacune once de l'eau susdite, mettez demie once ou trois quarts de mastic bien lavé et seché, puis toutes choses meslées ensemble, la mettrez distiller par

le bain, en appliquant à la bouche de l'a-
lembic un peu de musc si la voulez avoir de
bonne senteur, puis vous aurez une eau
très-noble, connue de peu de personnes
jusques à présent.

Pour faire les dents blanches.

Prenez des limons et faites eau distillée,
d'icelle lavez vos dents, car elle est tres-
parfaite, ou si vous n'en faites eau,
prenez le jus, car il est bon, mais l'eau
meilleure, d'autant qu'elle est plus agréable, pourveu qu'elle ne perde sa force à
distiller.

Pour le mesme.

Ayez tartre et la mettez dedans un vaisseau de marbre, et l'estoupez diligemment, puis l'enterrez, et le laissez de-
meurer là jusqu'à tant qu'il soit venu en eau,
puis le tirer dehors, et en frotter les dents, et
elles deviendront belles, prenez aussi l'eau
qui tombe au commencement de la distila-
tion du sel de nitre et alun, et en frottez
les dents, si vous prenez aussi une racine de
mauves, et qu'avec icelle vous les frottiez
tous les jours, elles deviendront luisantes
et belles, sans gaster la gencive, si vous
prenez aussi une crouste de pain de froment et la faire brusler tant qu'elle soit
comme un charbon, puis l'ayant mise en
poudre, et en escurez vos dents, et les

lavez après d'eau fraische, soit de puits ou de fontaine, elles deviendront blanches, car c'est chose expérimentée.

Pour oster les taches du visage.

PRENEZ deux onces de suc de limon, et deux onces eau rose, deux dragmes d'argent sublimé, et aussi autant de ceruse, et mettez tout ensemble, faites en manieres d'onguent, et en oignez le visage au soir quand vous irez dormir, et au matin quand vous vous leverez oignez-le de beurre, cela est éprouvé.

Pour le mesme.

AYEZ la glaire d'un œuf, et la battez tant qu'elle devienne en eau, puis prenez deux onces de cette eau, et demie once de ceruse, et deux dragmes de vif argent, et une dragme de camphre, meslez tout ensemble, puis en oignez le visage.

Pour faire une eau qui oste les taches du visage et le fait beau et luisant.

PRENEZ un pigeon blanc et le plumez, puis luy ostez les entrailles : c'est à sçavoir les boyaux, et luy coupez la teste et les pieds, puis prenez trois bonnes poignées de frassinel, et deux livres de laict, et trois onces de cresmes de lait, six

11.

onces d'huile d'amandes douces, qui soit
frais, puis mettez tout ensemble, et la dis-
tilez en un vaisseau de verre, puis vous
lavez de cette eau tous les jours le visage et
les mains, puis elles seront toûsjours blanches, moles, et sans aucunes taches, tout
ainsi qu'en plein esté.

Pour faire savon qui embellit les mains.

AYEZ une livre de savon Venitien, deux
onces de sucre rouge, demy once de
gomme draganti, mettez-les en infusion en eau, puis les y laissez un jour ou
plus, comme il vous plaira, puis prenez du
savon graté, mettez toutes ces choses en un
petit chauderon, et les mélez tres-bien d'un
baston tant qu'il devienne comme colle,
lavez-vous en aprés les mains, et vous en
verrez un bel effet.

Pour faire une autre eau qui embellit le visage.

PRENEZ glaire d'œufs, et en faites eau
distillée par l'alembic, d'icelle lavez
en la face tant que vous voudrez.

Pour faire une eau qui fait la face blanche et luisante.

SI vous prenez lait d'asnesse et ercorces
d'œufs, et en faites eau distillée, et vous
lavez le visage, puis il sera blanc, beau
et luisant.

Eau pour la face vermeille.

FAUT prendre la jambe d'un bœuf ou veau, c'est à sçavoir du genouil en bas et lui oster la peau et les ongles, puis rompre tout le reste en pieces, c'est à sçavoir les os les nerfs, la moësle, et puis le distillez, et vous lavez de cette eau au matin.

Eau très-bonne pour faire sembler le visage de l'âge de vingt ou vingt-cinq ans.

AYEZ deux pieds de veau et les mettez cuire en dix-huit livres d'eau de rivière, tant qu'elle soit moitié consommée, puis y adjoustez une livre de ris, et le laissez cuire avec de la mie de pain blanc de chapitre détrempée avec du lait, deux livres de beurre frais, et la glaire de dix œufs frais, avec les escailles et peaux, mettez toutes ces choses à distiller, et en l'eau que vous en distillerez mettez-y un peu de camphre, et d'alun succarin, et aurez une chose noble par excellence.

Eau pour embellir la face, et toutes autres parties.

PRENEZ borax blanc deux onces, alun de roche une once, camphre deux dragmes, alun de plume, alun escaillé de chacun une once pulvérisé, chacun à part

soy, puis l'incorporez tous ensemble, et puis
les mettez en quelques grand vaisseau
plein d'eau de fontaine, lequel vous couvrirez, et serrerez tres-bien d'un linge, et
le mettrez au feu par l'espace de deux
heures, puis après l'en avoir retiré, et
qu'il sera refroidy, mettez-le en un autre
vaisseau, prenez la glaire de deux œufs
pondus du jour mesme, et la battez bien
avec un peu de verjus : puis la mettez au
vaisseau avec l'eau, et laissez-le par l'espace
de vingt jours au soleil, et aurez une chose
parfaite.

Pour faire un très-beau lustre pour les dames.

Ayez un grand limon, et faites un pertuis par dessus, par lequel vous oste-
rez du dedans la grosseur d'une noix,
puis le remplissez de sucre candi avec quatre ou six feuilles d'or, et le recouvrez de la
pièce que vous en aurez ostée, la recousant
d'une éguille, de sorte qu'elle soit bien at-
tachée puis mettez ledit limon cuire sur la
braize la cousture dessus, et à mesure qu'il
commencera à bouillir, tournez-le souven-
tesfois, tant que vous le verrez suer quelques
temps, puis l'en retirez quand vous voudrés en user, mettez un doigt au trou qui
éstoit recousu, et vous en frottez la face
avec quelque linge bien délié, ce sera chose
exquise.

Pour ôter les taches du visage.

PRENEZ farine de Lupins, fiel de chevre frais, jus de Limon, Alun succarin, incorporez bien tout ensemble en forme d'oignement, puis vous en oignez au soir le lieu où sont lesdites taches, et guerirez incontinent, c'est chose bien experimentée.

Pour faire eau de melons blancs, laquelle fera belle charnure.

PRENEZ melons blancs bien nettoyez de leur escorces, et les taillez par pièces espaisses d'un doigt, y laissant tout le milieu puis prenez les choses suivantes, Alun succarin quatre onces, Argent vif, rompu amorty une once, Alun de roche bruslé une once, porceletes deux onces, Termentine lavée une livre, douze œufs frais estampez avec leurs escailles, Limons blancs taillez par pieces, autant que vous en voudrez, sucre quarante onces, avec une phiole de lait de chevre, et une de vin blanc, puis emplir l'alembic desdites choses, mettant rengée sur rengée, comme avons dit de l'eau susdite, donnez luy après un petit feu, puis en gardez l'eau en une phiole, laquelle sera excellente pour laver la face, ainsi se fait aussi l'eau d'Anguaria, et des sommets et fleurs de feves et de mauve, et des fleurs de lambruche ou vigne sauvage, et autres telles choses.

Pour faire une eau qui rende la face blanche.

PRENEZ litarge d'argent, broyez-en pour deux sols, et le mettez dans un vaisseau avec du fort vinaigre blanc, puis le faites tant bouillir qu'il se diminue de la hauteur de trois doigts, laissez-le reposer, puis le coulez et le gardez : encore est bon du lait et du jus d'orange meslé avec huile de tartre.

Eau admirable et très-facile à faire pour embellir le visage, mais il faut se servir de la saison.

IL faut cueillir de l'orge quand il est encore en lait, que le grain n'est pas formé dedans ny espaissy, et de ces grains avec du lait d'anesse, après estre broyez dans un mortier, faire le tout distiller au bain-marie, et se laver de cette eau le visage, secret éprouvé et fort innocent, mais cette eau ne se peut faire qu'une fois l'année.

Eau blanchissant et décorant la face.

PRENEZ litarge, mastic, olibanum, colophine, autant de l'une que de l'autre, broyez tout ensemble sur le marbre, et les détrempez de tres bon vin blanc bien odorant, tellement que le jus soit bien clair, et le mettez à distiller en un alembic de

verre, et tout se distille jusques aux ordures seiches, et recevez l'eau en une fiole
de verre, et oignez vous en la face quand
vous en irez coucher, et elle se blanchira,
tellement que par nul autre lavement elle
ne s'en pourra aller.

Vin pour la face.

Vin pour la face, qui est l'ornement des
femmes, se fait ainsi : prenez bresil et
alun sucarin, broyez les et les mettez
en vin rouge, et faites bouillir jusques à ce
que les six parties du vin reviennent à une,
et quand il sera froid, la femme mouille dedans une pièce de coton, et s'en lave là où
il luy plaira.

Autre secret fort excellent et fort aisé.

L'eau du jus de limons distillée à l'a-
lembic de verre au bain-marie est
singuliere pour embellir le visage.

Autre secret fort aisé.

L'eau distillée de pommes de pin toutes
vertes oste les rides du visage en le
rajeunissant.

Autre secret éprouvé pour faire beau le visage.

Il faut couper un melon en pieces, et avec
une poignée de racines de pied de veau,
et demie livre de jus de limons, et une
livre de lait de chevre, mettez tout dans un

alembic de verre, et le faites distiller au
bain-marie, l'eau en est excellente et merveilleuse.

Autre secret pour le visage admirable et éprouvé.

PRENEZ demy douzaine de citrons et les
hachez en pieces, les infusez dans une
pinte de lait de vache, et avec une once
de sucre blanc, et autant d'alun de roche, et
distillez le tout au bain-marie, et le soir
frottez vous en le visage.

Autre secret expérimenté.

PRENEZ deux livre et demy de pain blanc,
des roses blanches, des fleurs de lis de
Nenuphar, et feves de chacune une poignée, demy douzaine d'œufs, le blanc seulement, et une livre de lait de chevre, le
tout distillé à l'alembic de verre.

Autres secrets particuliers pour blanchir le visage.

PRENEZ blanc de carne de riz deux livres,
de blanc de plomb demy livre, des os
de seche deux onces, encens, mastic, et
gomme arabic, tout cela mis en poudre, et
puis détrempez vos poudres en eau rose ou
eau de lis et la mettez dans une fiole, et
trempez un linge dont vous frotterez le
visage le soir et le matin, avec un morceau
d'escarlate.

FIGURES DES SEPT PLANÈTES.

SOLEIL

LUNE

MARS

MERCURE

JUPITER

VENUS

SATURNE

Super lapidem et Basiliscum ambulabis et conculcabis &c

Figures des Talismans.

SECRETS RÉCRÉATIFS
TANT DE FANTAISIE QUE
DE GRANDE UTILITÉ.

Tromperie de la Mandragore artificielle.

IL y a de suborneurs du peuple qui, abusant de la crédulité et simplicité des bonnes gens, se mettent en grand crédit par des tours de souplesse, qui en apparence ont quelque chose de surnaturel : de ce genre est la mandragore artificielle avec laquelle ils contrefont les oracles divins; comme je passais par Lille en Flandre, je fus invité par un de mes amis à l'accompagner chez une vieille femme qui se mêlait de ce badinage, et qui passait pour une grande devineresse, et je decouvris sa fourberie, qui ne pouvait être longtemps cachée. Cette vieille nous conduisit d'une lampe, à la lueur de laquelle on voyait, sur une table couverte d'une nappe, une espèce de petite statue ou poupée assise sur un trépied, ayant le bras gauche étendu, tenant de la main gauche une petite cordelette de soie fort déliée, au bout de laquelle pendait une petite mouche de fer bien poli, et au-dessous il y avait un verre de fougère, ensorte que la mouche pendait dans le verre en-

12

viron la hauteur de deux doigts. Et le mystère de la veille consistait à commander à la mandragore de frapper la mouche contre le verre, pour rendre témoignage de ce que l'on voulait savoir.

La vieille disait, par exemple : je te commande, mandragore, au nom de celui à qui tu dois obéir, que, si monsieur un tel doit être heureux dans le voyage qu'il va faire, tu fasses frapper la mouche trois fois contre le verre ; et en disant les dernières paroles, elle approchait sa main à une petite distance, empoignant un petit bâton qui soutenait sa main élevée à peu près à la hauteur de la mouche suspendue, qui ne manquait point de frapper les trois coups contre le verre, quoique la vieille ne touchât en aucune façon à la statue, ni à la cordelette, ni à la mouche ; ce qui étonnait ceux qui ne savaient pas la supercherie dont elle usait : et afin de duper les gens par la diversité de ses oracles, elle défendait à la mandragore de faire frapper la mouche contre le verre, si telle ou telle chose devait ou ne devait pas arriver : par exemple, je te défens, mandragore, au nom de celui à qui tu dois obéir, que tu ne fasses point frapper la mouche contre le verre, si monsieur un tel doit mourir avant sa femme ; et mettant la main en la même posture que j'ai dit, la mouche ne frappait point contre le verre.

Voici en quoi consistait tout l'artifice de la vieille, dont je m'aperçus, après l'avoir

examiné un peu attentivement : la mouche
de fer, qui était suspendue dans le verre
au bout de la cordelette de soie, étant fort
légère et bien aimanté, quand la vieille
voulait qu'elle frappât contre le verre, elle
mettait à un de ses doigts une bague, dans
laquelle était enchâssé un assez gros morceau d'excellent aimant de manière que la
vertu magnétique de la pierre mettait en
mouvement la mouche aimantée, et lui
faisait frapper autant de coups qu'elle voulait contre le verre ; et lorsqu'elle voulait
que la mouche ne frappât plus, elle ôtait
de son doigt la bague sans qu'on s'en aper-
çut. Ceux qui étaient d'intelligence avec
elle, et qui lui attiraient des pratiques,
avaient soin de s'informer adroitement des
affaires de ceux qu'ils lui amenaient, et
ainsi on était facilement dupé.

Autre tromperie par la tête de St-Jean.

L'AVIDITÉ de gagner de l'argent est une
vraie tyrannie dans le cœur de l'homme,
qui le rend ingénieux jusqu'à la profa-
nation des choses saintes. Le poète ancien
avait bien raison de se plaindre en ces
termes : *Auri sacra fames, qui non mor-
talia pectora cogis.*

Je dis cela à l'occasion d'une autre supercherie que j'ai vu pratiquer à ces sortes
de gens dont je viens de parler. Ils avaient
disposé une table carrée, soutenue de cinq

colonnes, une à chaque coin et une dans le
milieu : celle du milieu était un gros tuyau
de carton épais, peint en bois; la table
était percée à l'opposite de ce tuyau, et un
bassin de cuivre aussi percé était mis sur
le trou de la table; et dans le bassin était
une tête de St-Jean, de gros carton,
peinte au naturel, qui était creusé, ayant
la bouche ouverte; il y avait un porte voix
qui passait à travers le plancher de la
chambre qui était au-dessus du cabinet où
tout cet attirail était dressé, et ce porte
voix aboutissait au cou de cette tête, de
manière qu'une personne parlant, par l'organe de ce porte voix, de la chambre d'en
bas, se faisait entendre distictement dans
le cabinet par la bouche de St-Jean. Ainsi
le prétendu devin ou devineresse affectant
de faire quelque cérémonie superstitieuse
pour infatuer ceux qui venaient consulter
cette tête, il le conjurait, au nom de Saint-
Jean, de répondre sur ce que l'on voulait
savoir, et proposait la difficulté d'une voix
assez haute pour être entendue de la
chambre de dessous par la personne qui
devait faire la réponse par le porte voix,
étant instruit à peu près de ce qu'il devait
dire.

Composition de pastilles excellentes pour
parfumer agréablement une chambre.

Vous prendrez quatre onces de Benjoin,
deux onces de borax, un quart d'once
de bois d'aloës ; faites bouillir à petit
feu ces drogues durant une demi-heure dans
un vaisseau de terre vernissée, avec de l'eau
de rose, en sorte que l'eau de rose surpasse
de deux travers de doigt les drogues qui
doivent être concassées ; ensuite vous cou-
lerez votre mixtion, vous en réserverez
l'eau qui reste. et ayant bien séché le marc,
vous le pulvériserez en fine poudre au
mortier fait de chaux avec une livre de bon
charbon de saule, puis vous faites détremper de la gomme adragante dans l'eau que
vous avez en réserve, puis joignant à vos
poudre un dragme de bon musc d'orient
dissous dans un pot d'eau de rose, vous
faites de tout cela une pâte de laquelle vous
formerez des pastilles de la longueur et
grosseur du petit doigt, pointues d'un bout
et plates de l'autre, en sorte qu'elles se
puissent tenir droites sur leur cube, et
quand elles sont bien sèches, on les allume
par le bout pointu, et elles brûlent jusqu'à
la fin, en rendant une très-suave odeur ;
pour les rendre encore meilleures, on y
ajoutera six grains de bon ambre gris.

12.

Pour faire la véritable eau de la reine de Hongrie.

Vous mettrez dans un alambic une livre et demie de fleurs de romarin bien fraîches, une demi-livre de fleurs de pouliot, une demi-livre de fleurs de marjolaine, une demi-livre de fleurs de lavande, et dessus tout cela trois pintes de bonne eau-de-vie; ayant bien bouché l'alambic, pour empêcher l'évaporation, vous le mettrez durant vingt-quatre heures en digestion dans le fumier de cheval bien chaud, puis vous le mettrez distiller au bain-marie. L'usage de cette eau est d'en prendre une ou deux fois la semaine, le matin à jeun, environ la quantité d'un dragme, avec quelque autre liqueur ou boisson, de s'en laver le visage et tous les membres où l'on se sent quelque douleur ou débilité. Ce remède renouvelle les forces, rend l'esprit net, dissipe les fulinosités, conforte la vue, et la conserve jusqu'à la vieillesse décrépite, fait paraître jeune la personne qui en use, est admirable pour l'estomac et la poitrine, en s'en frottant par dessus : ce remède ne veut point être échauffé, soit que l'on s'en serve par potion ou par frictions. Cette recette est la véritable qui fut donnée à Isabelle, reine de Hongrie.

*Poudre exquisse pour embellir le visage,
sans craindre que dans la suite il se
roussisse ou se coupe, comme fait le
fard.*

Vous prendrez trente pieds de mouton
et six pieds de veau, vous ôterez toute
la chair, et ne vous servirez que des os
qui sont longs; vous les concasserez le mieux
que vous pourrez, et vous prendrez bien
garde à la moëlle qui s'y trouvera; vous
les mettrez bien cuire dans un grand pot
de terre neuf, et aurez soin, dans le commencement du bouillon, de l'écumer doucement, pour en ôter l'ordure sans graisse;
quand ils auront bouilli l'espace de trois
heures, vous les laisserez bien refroidir,
puis avec une cuiller d'argent vous leverez
la graisse et la moele qui sera congelée sur
la surface du pot, sans en laisser aucunement; vous prendrez une pareille pesanteur
de graisses de panne de chevreau ; et si
ces deux graisses pèsent une demi-livre,
vous y ajouterez une dragme de borax et
autant d'alun de roche calciné, deux onces
d'huile des quatre semences froides, et vous
ferez bouillir le tout ensemble dans une
pinte de vin blanc qui soit bien clair, et le
laissant refroidir, vous leverez toute la su-
perficie de la graissse qui sera congelée, et
vous la laverez et modifierez plusieurs fois
dans de l'eau de rose, jusqu'à ce qu'elle
soit devenue fort blanche, et vous la met-

trez dans de petits pots de faïence pour vous en servir.

Composition d'une savonnette pour le visage et pour les mains, qui rend agréable la personne qui s'en sert.

PRENEZ une livre d'iris de Florence, quatre onces de storax, deux onces de santal citrin, une demi-once de clous de girofle, autant de canelle fine, une noix muscade et douze pains d'ambre gris; que tout cela soit réduit en poudre, passé au tamis; l'ambre gris se met séparément : puis prenez deux livres de bon savon blanc, qu'il faut râper et mettre dans trois chopines d'eau-de-vie, pour tremper quatre ou cinq jours, puis la pétrissez avec de l'eau de fleurs d'oranger, et vous en ferez une pâte avec de l'amidon fin passé au tamis; et c'est pour lors que vous pourrez mélanger votre ambre gris dissous avec un peu de gomme adragante, liquéfiée dans de l'eau de senteur, et de cette pâte vous formerez des savonnettes, que vous sécherez à l'ombre et les fermerez dans des boîtes avec du coton.

Pour faire de la bonne eau d'ange qui embaume par son agréable odeur.

AYEZ un grand alambic, dans lequel vous mettrez les drogues suivantes : benjoin quatre onces, clous de girofle deux dragmes, deux ou trois morceaux d'iris de Florence, la moitié d'une écorce de citron, deux noix muscades, canelle une demi-once, deux pintes de bonne eau de rose, une chopine d'eau de fleurs d'oranger, une chopine d'eau de méliot; vous mettrez le tout dans un alambic bien scellé et distillé au bain-marie, et cette distillation est une eau d'ange exquise.

Secret merveilleux pour faire un cadran ou boussole sympathique, par lequel on pourra écrire à un ami éloigné, et lui faire connaître son intention en même temps et un moment après qu'on lui aura écrit.

FAITES faire deux boîtes de fin acier (semblables aux boîtes ordinaires des boussoles de mer) qui soient d'un même poids, grandeur et figure avec un bord assez grand pour y mettre tout autour toutes les lettres alphabétiques; qu'il y ait un pivot au fond pour y poser une aiguille, comme à un cadran commun : il faut prendre garde que vos boîtes soient bien polies et

bien nettes, puis chercher entre plusieurs
pierres d'aimant fin et bon une qui ait,
du côté qui tend au midi, des veines
blanches, et celle que vous trouverez la
plus longue et la plus droite, vous la ferez
scier en deux parties les plus justes que
vous pourrez pour en faire deux aiguilles
pour vos deux boîtes; il faut qu'elles soient
d'une même épaisseur et d'un même poids,
avec un petit trou pour les poser sur le
pivot en équilibre. Cela ainsi préparé,
vous donnerez une de ces boîtes à votre
ami avec qui vous voulez lier correspon-
dance, et lui marquerez une heure de quelque jour de la semaine, même une heure
de chaque jour si on le souhaite et davantage si on veut; mais cela semblerait un
peu ennuyeux, car il faut, lorsqu'on veut
parler l'un à l'autre, être dans son cabinet
et un quart d'heure ou une demi-heure
ou une heure même avant celle que vous
aurez assignée à votre ami; et aussitôt
poser votre aiguille sur le pivot de la boîte,
et la regarder pendant ce temps; il faut
qu'il y ait une croix ou quelqu'autre
marque au commencement de l'alphabet,
afin de voir quand l'aiguille sera sur cette
marque, que vous avez intention l'un et
l'autre de parler; car il faut qu'elle se
trouve d'elle-même, après que l'ami qui
sera éloigné l'aura mise toujours avant que
de commencer sur cette marque : ainsi
l'ami, pour faire connaître son intention à
l'autre, tournera son aiguille sur une

lettre, et en même temps l'autre tournera
d'elle-même sur une lettre semblable, par
le rapport qu'elles ont ensemble. Quand
vous ferez réponse, il faut faire la même
chose, et lorsque l'on aura achevé, on re-
mettra l'aiguille sur la même marque.
Notez qu'après avoir parlé il faut avoir
bien soin de serrer la boîte et l'aiguille séparément en du coton, dans une boîte de
bois, et les gardez surtout de la rouille.

Pour planter toutes sortes de branches d'arbres et les faire prendre racine.

Il faut couper une branche de quelque
arbre que ce soit, mais il ne faut pas qu'il
soit en sève; faites avec un couteau au
bout une croix de la longueur de deux ou
trois travers de doigt; mettez au milieu un
grain d'avoine le germe en bas, mais qu'il
aille au fond, et à chaque fente de côté un
grain d'avoine le germe en haut; mettez
ainsi la branche en terre.

Pastilles de bouche.

Prenez sucre fin tamisé une livre, ambre gris deux dragmes, musc une
dragme et demy : pilés et broyés le
musc et l'ambre avec un peu de sucre, y
en ajoûtant peu à peu jusques à ce que le
tout soit bien incorporé; faites paste de
cela avec eau de pepins de coins, qui se fait
de la sorte.

Mettés tremper une once et demy de pepins de coins dans de l'eau claire, durant
douze ou quinze heures, puis passés l'eau
par un linge, laquelle sera gluante : formez
en des pastilles et le laissés secher à l'ombre, mettant un étamine pardessus de peur
des mouches.

Pastilles de Roses.

PRENEZ trois onces de benjoin, demy once
de storax, une once de roses Alexan-
drines avant qu'elles soient ouvertes,
leur ostant le blanc ; broyés les roses à part,
et le benjoin aussi avec le storax estans
broyés : aprés vous prendrez bois d'Aloës, de
l'ambre, sucre fin, civette, et petite poudre
de Chipre qui soit bonne, de chacune demy
quart d'once : broyez le tout ensemble et
le mélés. Vous tiendrez preste de la gomme
adragante mouillée en eau de senteur qui
ne soit pas fort épaisse, mais comme l'em-
pois, et la mélés.

Pour faire la meilleure eau d'Ange.

PRENEZ un pot et demy d'eau rose, demy
pinte ou un peu plus d'eau de fleurs d'o-
ranges, vingt-cinq grains de musc, autant d'ambre, et autant de bois d'aloës,
quinze grains de civette, quatre onces de
benjoin, une once de storax ; le tout bien
pulvérisé sera mis dans un pot de cuivre

bien bouché avec un couvercle de mesme, et force linges à l'entour, et le mettrés boüillir dans un chaudron d'eau l'espace de trois heures : si vous y remettés la mesme quantité d'eau rose, et la moitié d'eau de fleurs d'oranges avec cinq ou six grains de civette, vous pourrez après de ce reste former pastilles, ou en faire cassolettes.

Pour faire un Pomos, comme ceux qui se font en Espagne.

Vous prendrez demy livre de paste préparée, qui est le benjoin abreuvé d'eau de roses odoriferantes, et exposez au Soleil durant six semaines, remuez deux fois par jour avec une spatule de bois, et nouvelle eau de rose ajoûtée à mesure qu'elle se seche. Broyez la bien y mettant quatre grands cloux de gerofle entiers, un peu de canelle bien pulvérisée, une once de storax aussi concassé avec le reste, demy once de la peau jaune des citrons coupées bien menu, demy once d'ambre gris, un quart d'once de civette, une once de poudre de parfum d'Italie, une once de poudre de roses, un gros musc : mestez bien le tout ensemble, et faites bouillir cela dans de la simple eau de roses; jusqu'à ce que le tout soit bien incorporé.

Cette proportion servira pour huit pomos; en s'en servant, il faut tousjours tenir le pomos couvert d'eau de roses.

13

Pour faire promptement, et à peu de frais,
un excellent Pomos qui sent fort bon.

GRAISSEZ vostre pot de cassolette avec
un peu de civette, autant que vous
en pouvez prendre sur la pointe d'un
cousteau, et versez la dessus une bonne
quantité d'eau de fleurs d'oranges, on y met
ordinairement de l'eau de senteur de car-
dona, qui est distillée de toute sorte de
fleurs odoriferantes. Mettez pardessus cela
un peu de poudre de buccaros, alors allumez la lampe, ne manquez pas de l'entre-
tenir tousjours d'eau fraische de senteur,
tant que ce que vous y mettez soit con-
sumé.

Pour faire une balle odoriferante.

VOUS prendrez deux dragmes de benjoin, du storax très-pur, ladanum, de
chacun une drague, écorce de cedres,
des limons d'oranges le jaune seulement,
fleurs de violettes, de roses odoriferantes,
de Romarin, santal rouge, calamus aromaticus de chacun une dragme et demy : cloux
de gerofle, cubebes, iridos de Florence, de
chacun deux scrupules : reduisés tout cela en
poudre, et faites paste de la gomme traga-
gante trempée dans de l'eau de fleurs d'orange ou de roses ; cependant chauffés un peu
un mortier, exposant le devant au feu : ver-

sés y une cuillerée ou deux d'eau de fleurs
d'oranges ou de roses, et sur cela mettez
un scrupule de civette, une dragme et
demy d'ambre gris, et broyés bien le tout
ensemble avec un pilon un peu chauffé.
Quand cela sera bien incorporé, mettez y
un scrupule et demy de musc tres-pur et
le mélez aussi, faisant tomber dans la composition trente grains d'esprit ardent de
lilium convalium : quand elle est toute refroidie, alors mélez toute ladite composition avec la paste precedente, les malaxant
et paistrissant bien ensemble, et sur la fin
y ajoûtés dix gouttes de parfaite huile ou
quintessence de canelle, faite par distillation, et autant de quintessence de romarin.
Formez cette matière en balles de la grosseur qu'il vous plaira, et les laissés secher
à l'ombre.

L'odeur en sera plus suave et delicieuse
si vous n'y mettés pas d'huile de romarin.

Parfum de Tabac.

Vous prendrez huile de muscade par
expression une dragme et demy, six
grains de musc, dix grains de civette,
huile de lavende, de canelle, de Marjolaine,
de chacune une goutte, huile de gerofle
demy goutte, un grain de baume noir du
Perou, ambre gris demy once. Il faut broyer
le musc et l'ambre gris dans un mortier de
marbre, avec la moitié d'une amande douce

pelée, puis y mesler la civette et le reste,
et l'huile de muscade la dernière.

Cecy est fort bon contre le mauvais air,
s'en frottant sous le nez et aux tempes. Si
on en met gros comme une lentille dans
une boëte à moitié pleine de tabac pardessus, il fera perdre le goust du Tabac.

Autre.

FAUT prendre musc, civette, de chacun
six grains, ambre gris, eau d'ange, de
chacun huit grains, sucre fin une dragme : broyez le tout dans un mortier un peu
chaud, on s'en sert comme du precedent.

Parfum pour brûler.

FAUT prendre demy livre de boutons de
roses de Damas, dont vous aurez osté
le blan, du benjoin en poudre trois onces, musc demy quart d'once, autant d'ambre gris, et autant de civettes. Mettez le tout
en poudre dans un mortier, et estant bien
mélé, mettez une once de sucre : puis en
formés des tablettes, que feréz sécher au
Soleil ou à petit feu.

SECRETS CURIEUX
TOUCHANT LA BEAUTÉ
DES FEMMES.

Bain Aromatique.

FAITES bouillir dans suffisante quantité d'eau de Rivière une ou plusieurs des plantes suivantes; telles que le Laurier, le Thym, le Romarin, le Serpolet, l'Origan, la Marjolaine, la Lavande, l'Aurone, l'Absynthe, la Sauge, le Pouliot, le Basilic, le Baume, la Menthe sauvage, l'Hyssope, les Roses, les Œillets, la Giroflée, la Mélisse, l'Anis, le Fenouil, et plusieurs autres herbes qui ont une odeur agréable. Quand on aura passé les plantes, on ajoutera à l'eau un peu d'eau-de-vie simple, ou d'eau-de-vie camphrée. Ce bain est excellent pour fortifier les membres, dissiper les douleurs qui proviennent d'une cause froide, augmenter la transpiration, et faire exhaler au corps une odeur agréable.

Bain de Beauté.

PRENEZ deux livres d'Orge mondé, une livre de Ris, trois livres de Lupin pulvérisés, huit livres de Son, dix poi-

gnées de Bourrache et de Violier; faites
bouillir le tout dans une suffisante quantité
d'eau de fontaine. Il n'y a rien qui nettoie
et adoucisse la peau comme ce bain.

Cassolette.

FAITES bouillir dans un demi-septier d'eau
rose deux onces de Storax et quatre
onces de Benjoin; mettez dans un petit
nouet de toile menue douze clous de Gérofle,
un gros de Ladanum, autant de Calamus
aromaticus, et un peu d'écorce de çitron :
couvrez bien le pot ; laissez bouillir long-
temps ; passez sans exprimer fortement ;
retirez le sédiment et le conservez dans une
petite boîte.

Moyen de faire tomber les poils qui sont en trop grande quantité sur le front, trop longs sur le revers des mains, et autour des poignets et des bras, et même sous le nez et à l'ouverture.

PRENEZ du Polypode de chêne que vous
fendrez et couperez par morceaux;
mettez-les dans une cucurbite, versez
dessus du vin blanc, que ce vin surpasse d'un
doigt ; faites digérer vingt-quatres heures
au bain-marie ; puis distillez à l'eau bouillante, jusqu'à ce qu'il ne monte plus rien. Il
faut tremper un linge dans cette eau, et l'appliquer sur le revers de la main et autour

des poignets, et l'y laisser toute la nuit ; il faut continuer jusqu'à ce que le poil soit tombé.

L'eau de feuilles et racines de Chélidoine distillée et appliquée comme ci-dessus fait le même effet.

Pour empêcher les cheveux de tomber.

METTEZ en poudre de la graine de persil, poudrez vous-en la tête pendant trois soirs différents, vous recommencerez chaque année, et vos cheveux ne tomberont jamais.

Pour faire croître les cheveux.

PRENEZ les sommités de chanvre lorsqu'il commence à sortir de la terre, faites les tremper pendant vingt-quatre heures dans de l'eau de laquelle vous mouillerez les dents du peigne. Il est certain que le remède fait beaucoup croître les cheveux.

Corbeille de senteur.

VOUS mettrez un lit de coton parfumé, extrêmement mince et uni, sur un morceau de taffetas étendu sur le métier ; vous semerez sur ce lit de la poudre de Violette très-fine, par dessus laquelle vous jetterez de celle de Chypre ; ensuite vous couvrirez le tout d'un autre taffetas ; il ne vous restera plus pour finir que de piquer votre ouvrage, et de le couper de la grandeur de votre corbeille, dont vous borderez les coupures d'un ruban de telle couleur qu'il vous plaira.

Cosmétiques naturels.

L'EAU qui sort du tronc du Bouleau, après l'avoir percé dans le Printemps avec une tarrière, est détersive et propre à embellir le teint : on attribue la même vertu au suc dépuré de cet arbre et à son eau distillée. Quelques personnes recommandent l'eau de Fraises; d'autres la décoction d'Orpin, ou de reprise, d'autres enfin l'eau de fray des Grenouilles.

Contre les Cors aux pieds.

FAITES cuire une gousse d'Ail dans la braise ou cendre chaude, et appliquez-la ainsi cuite sur les cors des pieds, ayant soin de l'y assujettir avec un linge. On ne doit employer ce cosmétique qu'au moment où l'on se met au lit. Il amollit tellement le cors, qu'il détache et enlève en deux ou trois jours le câlus ou durillon, quelque invétéré qu'il soit; ensuite on se lave le pied dans de l'eau tiéde : en peu de temps les peaux qui formaient la corne du cors s'enlèvent et laissent la plaie nette, à peu près comme si elle n'avait jamais été offen-

sée d'aucun mal. Il est bon de renouveler
ce remède deux ou trois fois dans les vingt-
quatre heures.

Pour nettoyer les Dents et les Gencives, et faire croître la chair.

PRENEZ une once de Myrrhe bien pilée,
deux cuillerées de Miel blanc du meilleur, et un peu de Sauge verte bien
pulvérisée, et vous en frottez les dents soir
et matin.

Autre manière.

FAITES dissoudre deux gros de Cachou
dans un demi-septier de vin rouge, et
vous en lavez la bouche. Ou bien :
Ayez des racines de Tabac, et pilez les
bien dans un mortier ; vous tremperez un
linge dans le suc qui en proviendra, et vous
en frotterez la dent ou la gencive. Vous
pouvez encore mettre de la feuille de Tabac dans le creux de la dent après l'avoir un
peu broyée entre les mains. Ou bien encore il faut prendre des feuilles vertes de
Prunier, ou de Romarin, les faire cuire
dans du gros vin, ou avec du vinaigre ; gar-
gariser bien chaudement la bouche avec le
vin et réitérer souvent.

Pour nettoyer et rechausser les Dents.

PRENEZ sang de Dragon et Canelle trois onces, Alun calciné deux onces; réduisez le tout en poudre bien fine, et frottez-vous-en les dents de deux jours l'un.

Moyen facile pour se garantir toujours des maux de Dents et des fluxions.

TOUS les matins, après s'être lavé la bouche, comme la propreté et même la santé l'exigent, il faut se la rincer avec une cuillerée à café de bonne eau-de-vie de Lavande distillée, à laquelle, si on veut, l'on ajoutera une once d'eau chaude ou d'eau froide, pour en diminuer l'activité. On se tromperait en croyant que l'esprit de vin seul produirait le même effet que la fonte des sérosités qu'il tire des gencives et des glandes salivaires. La Lavande y est au moins très-utile. Ce remède innocent et simple est un préservatif très-sûr, et dont une longue expérience a toujours confirmé le succès.

Pour faire de l'Eau de Lavande.

EMPLISSEZ une cruche proportionnée à la quantité d'esprit de Lavande que vous voulez faire, jusqu'aux deux tiers de fleurs de Lavande épluchées grossièrement;

pourvu qu'il ne reste ni feuilles vertes, ni tiges, cela suffit. Versez sur cette fleur de l'eau-de-vie, jusqu'à ce que la cruche soit pleine; vous laisserez infuser le tout pendant huit jours, même moins si vous êtes pressé; après quoi vous distillerez au bain-marie, d'abord à fortes gouttes, même au petit filet, pour faire monter l'huile avec les esprits : comme cela ne peut se faire que le phlegme ne monte en même temps, il faudra rectifier votre esprit. La première distillation achevée, démontez votre Alambic, jetez comme superflu ce qui restera dans la Cucurbite, emplissez-la de nouvelles fleurs de Lavande ; on met ordinairement deux livres de fleurs pour une livre d'esprit, vous verserez cet esprit sur les fleurs que vous aurez mis dans le Cucurbite, et vous distillerez au bain des vapeurs.

Eau impériale.

PRENEZ cinq livres de bonne eau-de-vie, faites-y dissoudre une once d'Encens, de Mastic, de Benjoin et de gomme Arabique ; ajoutez-y une demi-once de Gérofle et de Muscade, une once et demie de Pignons et d'amandes douces, trois grains de Musc; le tout bien pilé, faites distiller au bain-marie, et réservez-la pour l'usage.

Cette Eau ôte les rides du visage et rend la peau très-belle en s'en lavant. Elle blanchit aussi les dents et en ôte la douleur, empêche la mauvaise odeur de la bouche, et raffermit les gencives. Les dames en font beaucoup de cas.

Eau connue sous le nom de Bouquet du Printemps.

PRENEZ trois quarterons de Jacinthe, prenez une demi-livre de Violette sans vert, une demi-livre de petite Géroflée jaune, sans vert, une demi-livre de Jonquille sans vert ; deux onces d'Iris pilée, une once de Macis pilé, quatre de quintessence d'Orange de Portugal. Mettez le tout vers la fin de mars dans un vaisseau avec huit pintes de bon esprit de vin : pilez vos Jacinthes, vos Violettes, votre Iris et votre Macis, et vers la fin d'Avril vous mettez vos Jonquilles au fort de la saison de cette fleur, c'est-à-dire dans le temps qu'elle donnera en plein. Peu de jours après vous mêlerez la petite Géroflée jaune, les pétales seulement ; vous prendrez ensuite le Muguet, vous l'éplucherez et le mettrez dans votre infusion, en mettant bien le tout ensemble ; huit jours après avoir mis cette dernière fleur, vous mettrez l'infusion dans l'Alambic, vous le couvrirez de son chapiteau, vous adapterez le Récipient, qui sera dans un bain froid ; après les avoir luttés exactement l'un et l'autre, vous en ferez la distillation au bain-marie à petit feu ; vous aurez six pintes de bon esprit, appelé le Bouquet du Printemps.

Eau de Venise pour blanchir le visage basanné.

Vous prendrez une pinte de lait de Vache noire, ou au mois de Mai une pinte d'eau de la Vigne quand elle pleure, huit Citrons et quatre Oranges hachées menues par tranches, deux onces de sucre candi, une demi-once de borax bien pulvérisé, quatre oignons de Narcisse bien pilés, et vous mettrez tout cela distiller et rectifier au bain-marie, vous en conserverez l'eau dans une bouteille bien bouchée.

Eau distillée propre à faire une belle carnation.

Prenez deux pintes de Vinaigre, trois onces de colle de poisson, deux onces de Noix muscade, six onces de Miel commun, et faites distiller à feu lent; ajoutez dans la liqueur distillée un peu de Santal rouge, afin de lui donner un peu de couleur. Avant de s'en servir il faut avoir le soin de se laver avec de l'eau distillée, de sorte que le teint reste vermeil, et annonce la meilleure santé.

Eau de Fraîcheur.

Prenez trois pieds de Veau bien hachés, trois Melons d'une moyenne grosseur, trois concombres, quatre œufs frais,

14

une tranche de citrouille, deux Citrons,
une chopine de petit lait, un demi-septier
d'Eau de Rose, une pinte d'Eau de Nénu-
phar, une chopine d'Eau de Plantain et
d'Argentine, une demi-once de Borax, faites
distiller le tout ensemble au bain-marie.

Eau pour empêcher les tâches de rousseur et les signes qui viennent sur le visage.

PRENEZ égales parties de racines de
Concombre sauvage et de Narcisse,
faites sécher à l'ombre, réduisez en
poudre très fine, que vous mettez dans de la
bonne Eau-de-vie ; il faut s'en laver le visage,
jusqu'à ce qu'il commence à démanger ;
alors on se lavera avec de l'eau fraîche. Il
faut recommencer tous les jours jusqu'à parfaite guérison, qui ne tardera pas, parce
que cette Eau est légèrement caustique, et
doit par conséquent enlever toutes les taches
du visage.

Eau pour blanchir le visage.

PRENEZ égales parties de racines de
Coulevrée et d'Oignons de Narcisse,
une chopine de lait de Vache et une
mie de pain blanc ; distillez le tout dans une
Alambic de verre. Pour vous servir de l'Eau
qui en résultera, mêlez-la par moitié avec
celle de la Reine de Hongrie.

Eau simple balsamique qui ôte les rides.

PRENEZ la seconde Eau d'Orge, passez à travers un linge fin, et ajoutez-y quelques gouttes de Baume de la Mecque ; agitez la bouteille pendant dix à douze heures sans discontinuer, jusqu'à ce que le baume soit entièrement incorporé avec l'Eau, ce dont on s'appercevra lorsqu'elle restera un peu troublée et un peu blanche. Cette Eau est merveilleuse pour embellir le visage et pour le conserver dans sa jeunesse et dans sa fraîcheur. Si on en use seulement une fois par jour elle ôte les rides et donne à la peau un éclat surprenant. On doit avoir soin avant de se servir de cette Eau de se laver la peau avec de l'eau de pluie.

Eau de Madame de la Vrillière pour
les dents.

PRENEZ Canelle, deux onces, Gérofles, six gros, Cresson d'eau, six onces, Ecorces récentes de Citron, une once et demie, Roses rouges, une once, Cochlearia, une demi-livre, Esprit de vin, trois livres. On casse ce qui est à concasser, on coupe grossièrement le Cresson et le Cochléaria, on fait macérer le tout dans l'esprit de vin pendant vingt-quatre heures dans un vaisseau fermé. On distille ensuite au bain-marie, jusqu'à siccité, après quoi on rectifie cette liqueur au bain-marie.

Cette eau fortifie les gencives, prévient le Scorbut, guérit les Aphtes qui viennent dans la bouche. On s'en sert pour se laver la bouche. On l'emploie ou seule, ou mêlée avec l'Eau.

Recette excellente pour déhâler le teint.

On peut le soir en se couchant écraser quelques fraises sur son visage, les laisser sécher pendant la nuit, et le lendemain matin se laver avec de l'eau de Cerfeuil. Alors la peau devient fraîche, belle et luisante.

Huile parfumée aux Fleurs pour les cheveux.

L'huile d'Olive, celles d'Amandes douces et de Noisette sont les seules dont on se sert pour parfumer les cheveux aux fleurs.

Pilez des Amandes à l'eau chaude; lorsqu'elles seront sèches, réduisez les en poudre, passez-les par un gros sas, et faites un lit de poudres d'Amandes et un lit de fleurs dans une caisse; après avoir continué de cette manière pour vous servir de ce que vous en voulez parfumer, et après avoir laissé les fleurs du matin au soir, vous passerez vos mêmes fleurs, alors vous les renouvellerez, en remettrez de fraîches et répéterez cette même opération pendant huit jours. Quand vos Amandes auront bien pris l'odeur de la fleur que vous aurez choisie, vous les mettrez dans des toiles neuves, et ferez des paquets pliés deux à deux, plis contre plis et exactement pressés, pour tirer l'huile qui sera parfumée de l'odeur de la fleur.

Jus pour décrasser la peau, et donner un teint éclatant.

FAITES un trou à un limon, emplissez-le de sucre candi, et couvrez-le de feuilles d'or appliquées artistement par dessus l'écorce que vous aurez enlevée; ensuite faites cuire le Limon sur les cendres chaudes. Lorsque vous voudrez vous en servir, faites sortir un peu de jus par l'ouverture déjà faite et vous en frottez le visage avec un linge. Ce jus décrasse merveilleusement la peau, et donne un teint éclatant.

Lustre admirable pour la peau.

IL faut prendre parties égales de suc de Limon et de blancs d'œufs, bien battre le tout ensemble, dans un pot de terre vernissé que vous mettrez sur un feu doux : remuez toujours avec une spatule de bois, jusqu'à ce que le tout ait pris une consistance à peu près comme celle du beurre; réservez pour l'usage, et avant de vous en servir vous pourrez y ajouter l'essence odoriférante que vous aimerez le mieux. Il sera utile encore, avant de s'en oindre le

14.

visage, de se nettoyer avec une eau de Riz,
c'est un des meilleurs moyens pour se rendre la face belle, brillante et polie.

Onguent pour la régénération des ongles.

PRENEZ deux gros d'Orpiment, un gros
de Manne, autant d'Aloës et d'encens,
et six gros de Cire vierge. Appliquez
cet onguent sur le doigt, enveloppez-le d'un
doigtier, et ne lui laissez pas prendre l'air;
car rien ne s'oppose plus que l'air à la régénération des ongles.

Pastilles d'une odeur fort agréable.

PULVÉRISEZ ensemble deux onces de Benjoin, demi-once de Storax; un gros de
bois d'Aloës, vingt grains de bonne
Civette, un peu de charbon de Sol et de sucre
fin. Faites bouillir le tout dans suffisante
quantité d'eau de Rose. Si vous désirez
donner encore plus d'odeur à vos Pastilles,
mettez y douze grains d'Ambre, lorsque la
pâte sera presque cuite. Le tout étant bien
mêlé, formez les Pastilles.

Pâte d'Amandes liquides.

PELEZ à l'eau chaude une certaine quantité d'Amandes amères, laissez-les sécher; pilez-les pendant quelques temps,
en y mettant un peu de lait pour les lier en
pâte, et empêcher qu'elles ne se tournent en

huile. Ajoutez après une mie de pain blanc et mollet, imbibée de lait pour la détremper. Pilez-la avec les Amandes en la remuant bien, pour la délayer avec la pâte, versez le tout dans un chaudron en y ajoutant du lait de nouveau : mettez sur le feu, faites bouillir, retournant toujours la pâte, jusqu'à ce qu'elle soit cuite et qu'elle s'épaississe.

Pommade pour les lèvres.

Vous placerez sur un réchaud de feu, dans une terrine, une demi-livre d'excellent beurre frais, et deux onces de cirevierge blanche, vous y jetterez des grains d'une grappe de raisins noirs fort murs, et quelques bâtons d'Orcanet ; lorsque les premières drogues seront fondues, vous écraserez doucement les graines de raisin, et ferez bouillir cette composition l'espace d'un quart-d'heure : vous passerez ensuite le tout dans un linge bien serré, vous verserez dans votre Pommade que vous remettrez près du feu une cuillerée d'Eau de fleurs d'Oranges, et l'ayant fait bouillir pendant quelque temps, vous l'ôterez du feu et la mêlerez insensiblement jusqu'à ce qu'elle soit réfroidie ; alors étant bien renfermée, elle se conservera dans sa pureté autant qu'il vous plaira, et sera parfaite pour les gersures.

Pommade contre les rides du visage.

PRENEZ suc d'Oignons de Lys blancs et Miel de Narbonne, de chacun deux onces, Cire blanche fondue, une once; incorporez le tout ensemble, et faites-en une Pommade. Il en faut mettre tous les soirs, et ne s'essuyer que le matin avec un linge.

Pommade pour faire croître et revenir les cheveux.

PRENEZ graisse de Poule, huile de Chenevis et Miel, de chacun quatre onces; faites fondre le tout dans une terrine, et les incorporez ensemble, jusqu'à ce qu'ils soient en consistance de Pommade. Il faut se frotter huit jours de suite de cette Pommade.

Pommade à la Sultane.

CETTE Pommade se fait avec le baume de la Mecque, le blanc de Baleine, l'huile d'Amandes douces. Elle entretient le teint frais, et est utile pour la Couperose.

Poudre pour conserver les cheveux.

PRENEZ racines de Souchet long, Calamus aromatique, Roses rouges, de chacun une once et demie; Benjoin, une once, bois d'Aloës, six gros, Corail rouge et Succin, de chaque une demi-once, farine de Fêves, quatre onces, racines d'Iris de Florence, huit onces; mêlez le tout ensemble; faites-en une poudre très-fine, et ajoutez y cinq grains de Musc et autant de Civette. Cette poudre, dont on se parfume la tête, facilite la régénération des cheveux et fortifie leur racine. On lui donne encore la propriété d'égayer l'imagination, et de fortifier la mémoire.

Rouge qui imite le naturel.

PRENEZ chopine de bonne Eau-de-vie, et y mettez une demi-once de Benjoin, une once de Santal rouge, une demi-once de bois de Brésil et autant d'Alun de roche. Bouchez exactement la bouteille, et la remuez bien une fois par jour; et au bout de douze jours vous pourrez vous servir de la liqueur. Lorsqu'on s'en est frotté légèrement les joues, il est fort difficile de s'apercevoir si la personne a mis du rouge, ou si ce sont ses couleurs naturelles.

Savonnette pour le visage et pour les mains, qui rend agréable la personne qui s'en sert.

PRENEZ une livre d'Iris de Florence, quatre onces de Storax, deux onces de Santal-Citrin, une demi-once de cloux de Gérofle, autant de Canelle fine, une Noix

muscade et douze grains d'Ambre gris ;
réduisez tout cela en poudre très-fine que
vous passerez au tamis ; l'Ambre gris se
met séparément; puis prenez deux livres
de Savon blanc, qu'il faut raper et mettre
dans trois chopines d'Eau-de-vie, pour
tremper pendant quatre ou cinq jours, ensuite vous le paitrirez avec de l'Eau-de-
Fleurs d'Orange, et vous ferez une pâte
avec de l'Amidon fin, passez au tamis, et
c'est pour lors que vous pouvez mélanger
l'Ambre gris dissout avec un peu de gomme
Adragante, liquefiée dans de l'eau de senteur : de cette pâte vous ferez des Savonnettes, que vous ferez sécher à l'ombre, et
les formerez dans des boîtes de carton.

Savonnettes du Serail.

PRENEZ une livre d'Iris, quatre onces de
Benjoin, deux onces de Storax, autant
de Santal-Citrin, une demi-once de
cloux de Gérofle, un gros de Canelle, un peu
d'écorce de Citron, une once de bois de
Sainte-Lucie et une noix muscade. Pulvérisez bien le tout, ensuite prenez environ deux
livres de savon blanc rapé, que vous mettrez tremper pendant quatre à cinq jours
dans trois chopines d'Eau-de-vie avec la
poudre ci-dessus : paitrissez le tout avec environ une livre d'Eau de fleurs d'Oranges ;
faites une pâte de ce savon avec une suffisante quantité d'Amidon, et vous formez
la Savonnette de la grosseur que vous vou-

drez, en y joignant des blancs d'œufs et de
la gomme Adragante, dissoute dans quelque Eau de Senteur. Il faut incorporer
dans la pâte quelques grains de Musc ou de
Civette, un peu d'huile essentielle de Lavande, de Bergamotte, de Roses, d'Œillet,
de Jasmin, de Canelle ; en un mot, celle
dont l'odeur flattera le plus.

Pour se noircir les Sourcils.

Il faut les frotter souvent avec les bayes
de Sureau. Ceux-ci se servent de liége
brûlé, ou de Gérofle brûlé à la bougie ;
ceux-là se servent du noir d'Encens, de
Résine, de Mastic. Ce noir ne s'en va pas à
la sueur.

Méthode pour éclaircir le teint.

Les femmes brunes se baigneront souvent pour éclaircir leur teint, et se la-
veront le visage avec quelques gouttes
d'esprit de vin, tantôt avec du Lait virgi-
nal, et enfin avec des Eaux distillées de
Mouron, d'Argentine, de fleurs de Fé-
ves, etc. Ces remèdes détersifs et pénétrants
enlèvent peu à peu l'espèce de vernis qui
couvre la peau, et rendent ainsi plus libre
la transpiration, ce qui est le seul vrai fard
de la peau.

Eau rafraîchissante.

FAITES infuser pendant trois ou quatre heures du son de froment dans du vinaigre ; joignez-y quelques jaunes d'œufs, et un grain ou deux d'ambre gris, et distillez. De cette distillation il en résultera une eau admirable, qui lustre merveilleusement le visage. Il est bon de la tenir au soleil pendant huit ou dix jours, la bouteille étant bien bouchée.

On peut se servir aussi pour cet effet des eaux distillées de melon, de fleurs de fèves, de vigne sauvage, d'orge vert, c'est-à-dire d'orge dont le grain n'est pas tout-à-fait formé, et n'est encore que laiteux; de l'eau qui se trouve dans les vessies qui se forment sur les ormes sauvages.

Préparation pour se préserver du hâle.

PRENEZ telle quantité de fiel de bœuf que vous souhaiterez ; sur chaque livre mettez uu gros d'alun de roche, demi-once de sel gemme, une once de sucre candi, deux gros de borax, et un gros de camphre. Mêlez le tout ensemble, et l'agitez pendant un quart d'heure, ensuite laissez reposer. Faites la même chose trois ou quatre fois par jour. Continuez cette manœuvre pendant quinze jours; c'est-à-dire, jusqu'à ce que le fiel devienne clair comme de l'eau; ensuite passez à travers le

papier brouillard, et conservez pour l'usage.
On s'en sert lorsqu'on est obligé d'aller au
soleil ou à la campagne. Il faut avoir le
soin de se laver le soir avec de l'eau commune.

Secret pour enlever les rides, révélé par
un Persan à une Grecque de soixante-
douze ans, qui n'en parut plus que
vingt-cinq.

FAITES rougir une pelle; jetez dessus de
la poudre de myrthe; recevez-en la
fumée sur votre visage, en vous cou-
vrant la tête d'une serviette, pour rassem-
bler la fumée et l'empêcher de se dissiper.
Réitérez par trois fois ce procédé : ensuite
faites chauffer de nouveau la pelle; lorsqu'elle sera bien chaude, vous l'arroserez
de vin blanc, dont vous aurez le soin d'emplir auparavant votre bouche. Vous en re-
cevrez ainsi la vapeur sur votre visage, et
vous réitérerez de même trois fois, conti-
nuant ce procédé matin et soir, aussi long-
temps que vous le désirerez. Celui qui a
communiqué ce secret en promet des mer-
veilles.

Autre pour conserver la fraîcheur de la
peau du visage.

IL faut, le soir en se couchant, appliquer
sur le visage quelques tranches de rouelle
de veau. Rien n'empêche mieux les rides, n'entretient la peau souple et ne con-

15

conserve le teint frais, comme ce simple topique.

Cosmétiques naturels.

L'EAU qui sort du tronc du bouleau, après l'avoir percé dans le printemps avec une tarière, est détersive, et propre à embellir le teint. On attribue les mêmes vertus au suc dépuré des feuilles de cet arbre, et à son eau distillée.

Quelques personnes recommandent l'eau de fraises, d'autres la décoction d'orpin ou reprise, d'autres enfin l'eau de frai de grenouilles.

Les feuilles d'*arum* ou pied-de-veau, pilées et appliquées sur des ulcères, les mondifient en peu de temps. L'eau distillée est détersive, et nettoye bien le visage. *Césalpin* dit qu'en Italie on se sert des racines de cette plante pour effacer les taches de la peau, et qu'on en prépare un blanc semblable à la céruse. C'est une espèce de fécule que *Matthiole* estime beaucoup pour embellir le teint. Dans tout le Bas-Poitou, les femmes de la campagne blanchissent leur linge avec la pâte de pied-de-veau : elles coupent en morceaux la tige de cette plante, lorsqu'elle est en fleur, la font macérer pendant trois semaines dans de l'eau qu'elles changent tous les jours, et font sécher le marc après l'avoir réduit en pâte.

La pierre spéculaire ou miroir d'âne est une pierre tendre, cristaline et luisante, facile à couper, et se réduisant en feuilles à peu près comme du talc, blanchâtre, et de couleur transparente. On en trouve beaucoup dans les carrières aux environs de Paris, comme à Montmartre, Passy, Bagnolet. On la calcine et on la met en poudre très-fine; les femmes s'en servent quelquefois pour se blanchir la peau. Cette espèce de plâtre desséche les dartres.

Eau pour blanchir la peau.

PRENEZ égales parties de racines de couleuvrée ou de vigne blanche, et d'oignons de Narcisse, une chopine de lait de vache, une mie de pain blanc. Distillez dans un alambic de verre. Pour vous servir de l'eau qui en résultera, il faut la mêler avec autant d'eau de la reine de Hongrie : alors elle blanchit fort bien le teint.

L'eau de fenouil distillée, et celle de lis blanc, avec quelque peu de mastic, produisent le même effet. Si vous voulez avoir ces eaux un peu odoriférantes, il faut mettre quelques grains de musc au bec de l'alambic.

Eau de mille fleurs.

AU printemps, on tire par la distillation une eau de la fiente ou bouze de vache. On l'appelle eau de mille fleurs. Elle passe pour être résolutive, adoucissante et apéritive. Elle sert, lorsqu'on s'en frotte extérieurement, à nettoyer, rafraîchir et adoucir la peau. Quelques personnes délicates seront sans doute dégoûtées de ce remède. Qu'elles sachent cependant que plusieurs d'entr'elles se sont servies de remèdes beaucoup plus sales, pour conserver la fraîcheur de leur teint.

Eau distillée propre à faire une belle carnation.

Si quelques dames ont une vilaine carnation, elles peuvent se servir de la recette suivante :

Prenez deux pintes de vinaigre, trois onces de colle de poisson, deux onces de noix muscades, six onces de miel commun, et faites distiller à feu lent. Ajoutez dans la liqueur distillée un peu de santal rouge, afin de lui donner un peu de couleur. Avant de s'en servir, il faut avoir le soin de se laver avec une eau de savon. On n'essuie point son visage après s'être lavé avec de l'eau distillée ; de sorte que le teint reste vermeil, et annonce la meilleure santé. Ce secret vient d'une dame qui ne manquait jamais de s'en servir, soit après avoir passé la nuit au jeu, soit après s'être fatiguée au bal, ou dans des petits soupers qui ne finissent qu'au lever de l'aurore.

FIN.

TABLE DES MATIÈRES

---

*Fin de la Table des Matières contenues dans les
Merveilleux Secrets du Petit Albert.*

*Paris. — Imprimé chez Jules Bonaventure,
55, quai des Grands-Augustins.*

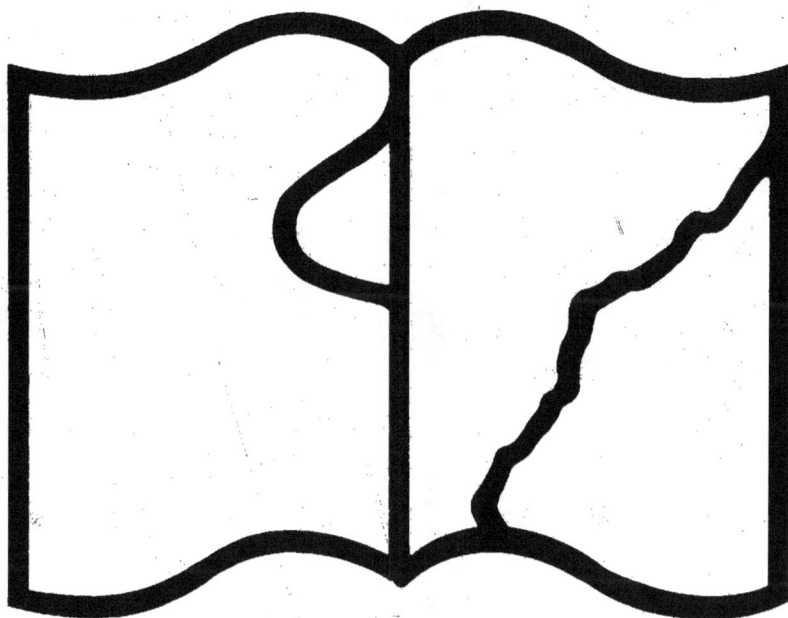

Texte détérioré — reliure défectueuse

NF Z 43-120-11

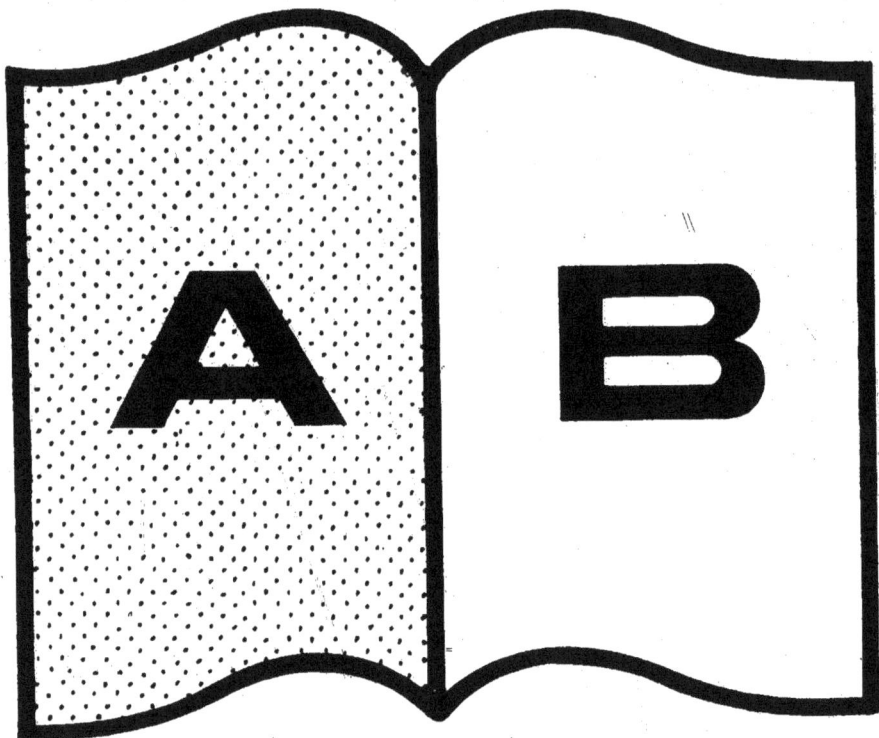

Contraste insuffisant

NF Z 43-120-14

www.ingramcontent.com/pod-product-compliance
Lightning Source LLC
Chambersburg PA
CBHW070356090426
42733CB00009B/1446